本书为中国·文物出版社和日本·平凡社合作出版《中国石窟·敦煌莫高窟》第三卷的中文版,收录初唐至盛唐时期计38个洞窟的彩塑和壁画,以及有关的论文等。《中国石窟·敦煌莫高窟》第一~五卷于1991年获首届全国美术图书特别金奖,1994年获首届国家图书奖。

中國石窟

敦煌莫高窟

三

敦煌研究院编

文物出版社

责任印制　张　丽

责任编辑　黄文昆

再版编辑　王　戈

图书在版编目（CIP）数据

敦煌莫高窟 . 3 / 敦煌研究院编 . —2 版 .
—北京：文物出版社，2013.8（2023.9 重印）
ISBN 978-7-5010-3202-0

Ⅰ. ①敦…　Ⅱ. ①敦…　Ⅲ. ①敦煌石窟-研究
Ⅳ. ①K879. 214

中国版本图书馆 CIP 数据核字（2013）第 176361 号

中国石窟

敦煌莫高窟　第三卷

敦煌研究院　编

*

文物出版社出版发行

（北京市东城区东直门内北小街 2 号楼）

邮政编码：100007

http：//www. wenwu. com

文物出版社印刷厂有限公司印刷

新　华　书　店　经　销

开本：965mm×1270mm　1/16　印张：16. 25

2011 年 7 月第 2 版　2023 年 9 月第 8 次印刷

ISBN 978-7-5010-3202-0　定价：360. 00 元

敦煌莫高窟　第三卷

著者

段文杰（敦煌文物研究所研究员、所长）

施萍婷（敦煌文物研究所助理研究员）

贺世哲（敦煌文物研究所副研究员）

孙纪元（敦煌文物研究所副研究员）

邓健吾（成城大学教授）

中村兴二（奈良女子大学副教授）

万庚育（敦煌文物研究所助理研究员）

孙儒僩（敦煌文物研究所副研究员）

李其琼（敦煌文物研究所副研究员）

欧阳琳（敦煌文物研究所助理研究员）

霍熙亮（敦煌文物研究所助理研究员）

关友惠（敦煌文物研究所助理研究员）

马世长（敦煌文物研究所助理研究员）

郦伟堂（敦煌文物研究所工作人员）

摄影

文物出版社：彭华士/陈志安/孙之常

敦煌文物研究所：李贞伯/祁铎

翻译

刘晓路（邓健吾《敦煌莫高窟彩塑的发展》）

杨曾文（中村兴二《日本的净土变相与敦煌》）

装帧

三村淳

仇德虎

责任编辑

黄文昆

山本恭一

目　录

图版目录

1　第204窟　西壁龛内北侧　菩萨（部分）　初唐

2 第375窟 西壁南侧 逾城出家 初唐

3　第375窟　西壁北侧　乘象入胎　初唐

4　第375窟　南壁下部　女供养人　初唐

5　第341窟　北壁　弥勒经变（部分）　初唐

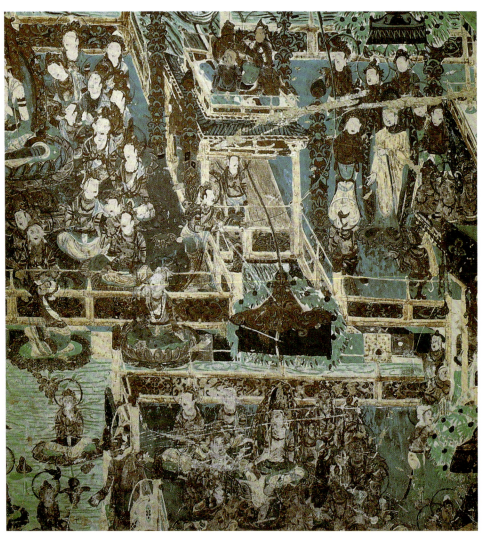

6　第341窟　北壁　弥勒经变（部分）　初唐

7 第401窟　北壁东侧　供养菩萨　初唐

10　第57窟　西壁龛内南侧　思惟菩萨　初唐

11　第57窟　西壁龛内南侧　菩萨　初唐

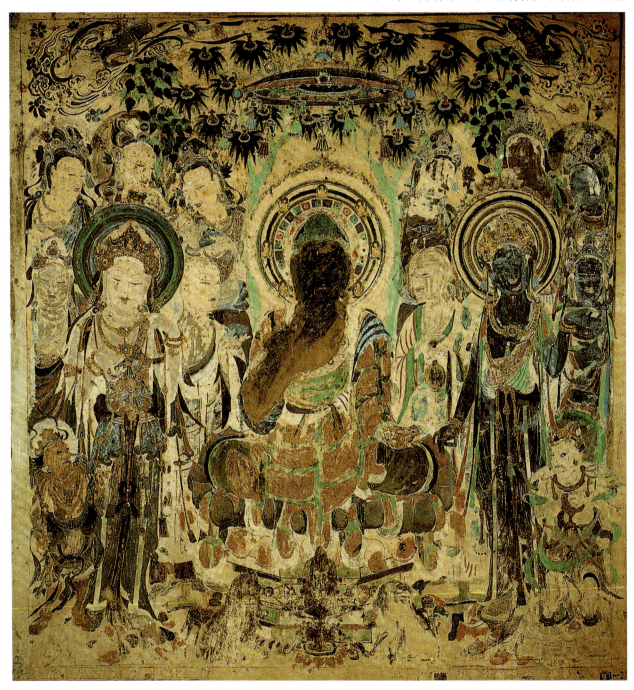

12 第57窟 南壁中央 说法图 初唐

14 第57窟 北壁中央说法图中 胁侍菩萨 初唐

15　第57窟　北壁中央说法图中　胁侍菩萨（部分）　初唐

1-5

6

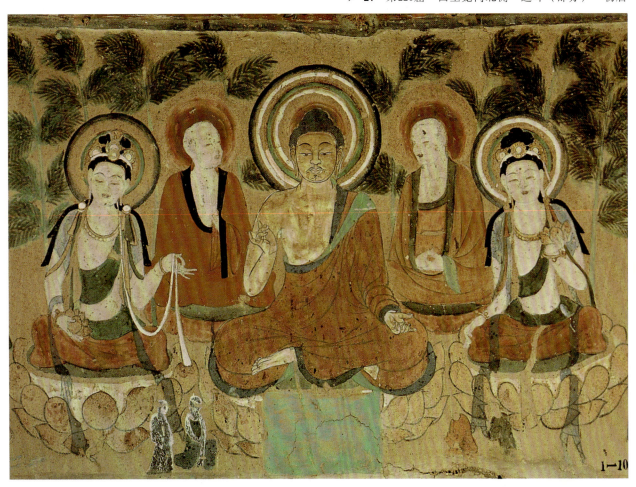

19 第322窟 东壁门上 说法图 初唐

20 第322窟 窟顶藻井 初唐

22 第220窟 西壁龛顶南侧 说法图（部分） 初唐

25　第220窟　南壁　阿弥陀经变（部分）　初唐

28　第220窟　北壁药师经变西侧　乐队　初唐

30 第220窟 东壁 初唐

31 第220窟 东壁南侧 维摩诘经变（部分） 初唐

32　第220窟　东壁门上　说法图　初唐

33　第220窟　东壁北侧维摩诘经变中　文殊　初唐

34 第220窟　东壁南侧维摩诘经变中　维摩诘　初唐

35 第431窟 西壁下部 十六观（部分） 初唐

36 第431窟 西壁下部 马夫与马（部分） 初唐

38　第209窟　西壁南側上部　初唐

40 第209窟 南壁东侧 说法图（部分） 初唐

41 第209窟 北壁下部 供养菩萨 初唐

44 第329窟 南壁 阿弥陀经变 初唐

45 第329窟 北壁 弥勒经变 初唐

46 第329窟 东壁门上 说法图 初唐

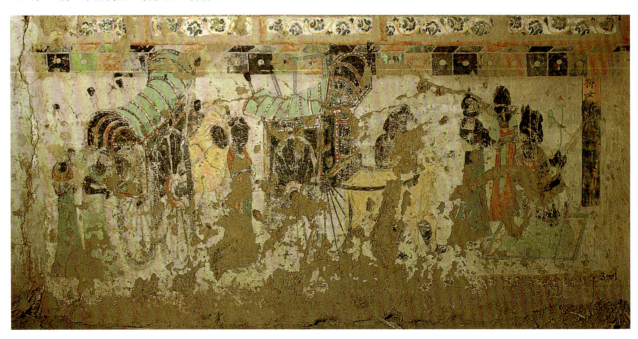

47 第329窟 东壁南侧下部 女供养人与牛车 初唐

48　第329窟　东壁南侧说法图中　女供养人　初唐

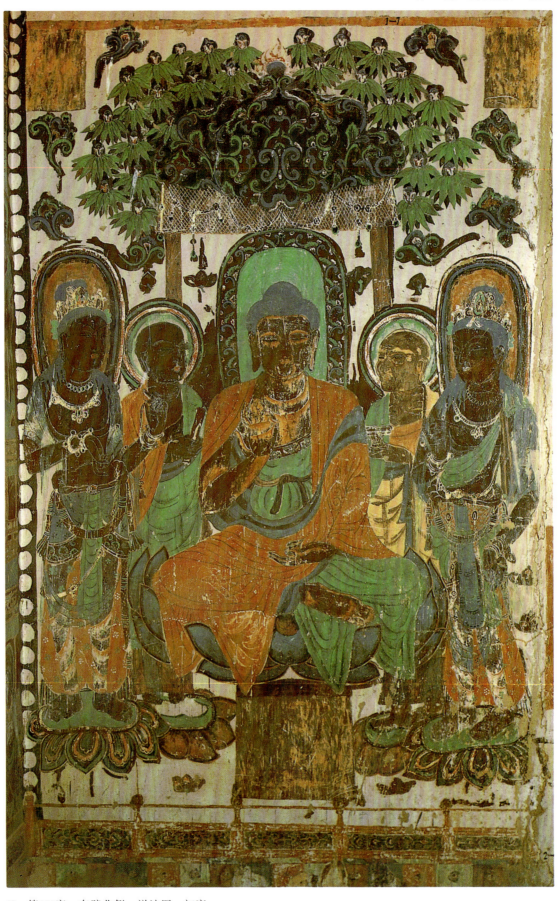

49 第329窟 东壁北侧 说法图 初唐

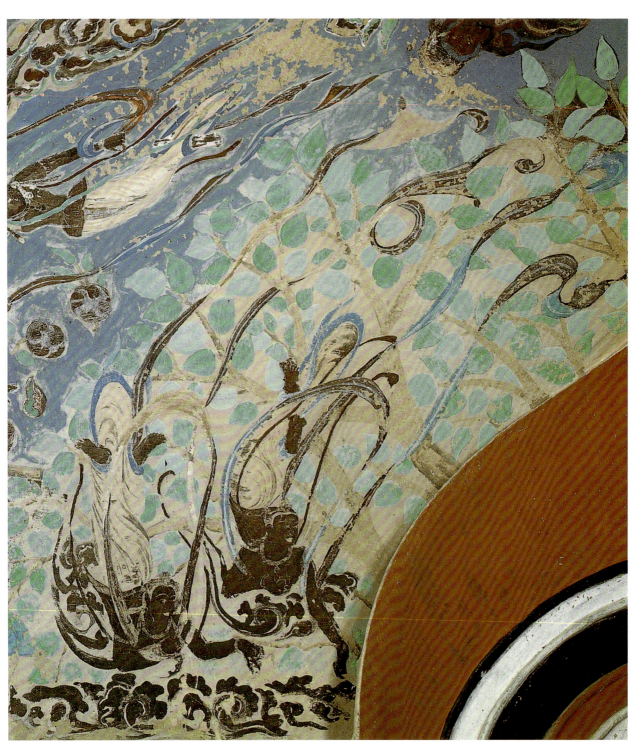

51 第321窟　西壁龛顶南侧　飞天　初唐

52　第321窟　西壁龛顶南侧　供养天　初唐

53 第321窟 南壁 法华经变 初唐

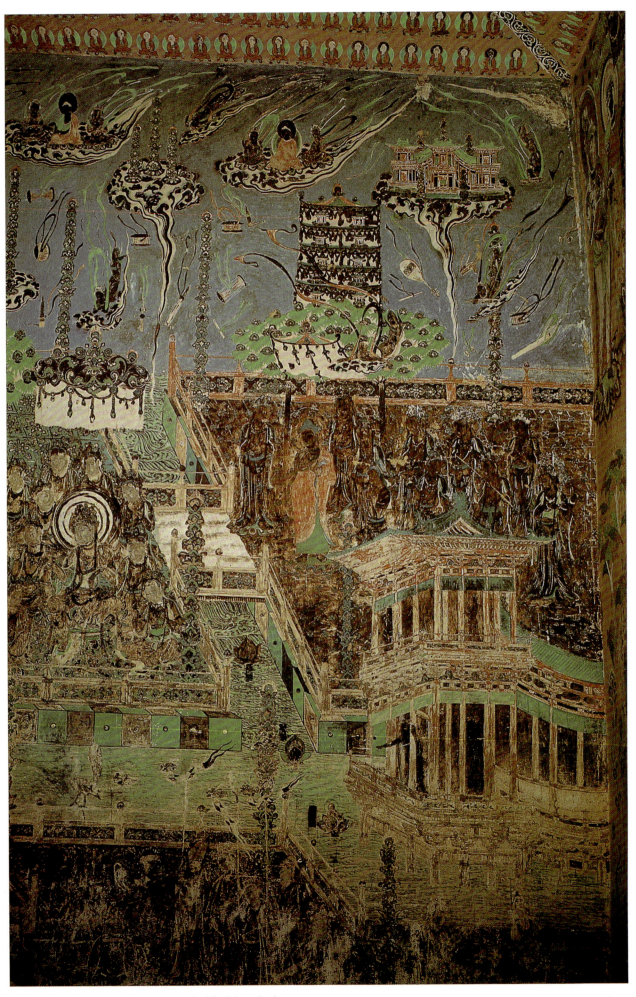

54 第321窟 北壁东侧 阿弥陀经变（部分） 初唐

57　第372窟　窟顶藻井　初唐

58 第335窟 西壁龛内南侧 劳度叉斗圣变（部分） 初唐

59 第335窟　西壁龛内南侧　劳度叉斗圣变（部分）　初唐

60 第335窟　东壁门上　说法图（部分）　初唐

63　第323窟　南壁东侧上部　初唐

64　第323窟　南壁西侧上部　初唐

3—2

66　第323窟　南壁中央上部（部分）　初唐

67　第323窟　南壁中央上部（部分）　初唐

68　第323窟　北壁上部　初唐

69 第323窟 东壁北侧 初唐

73 第331窟 窟室内景 初唐

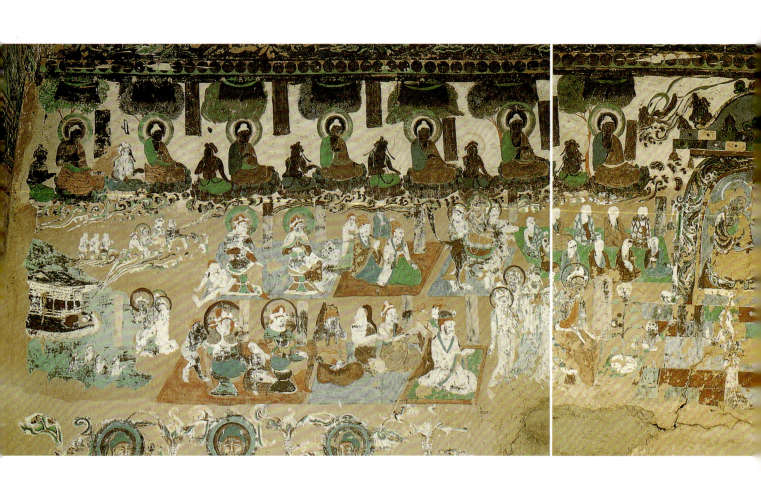

74 第331窟 窟顶藻井 初唐

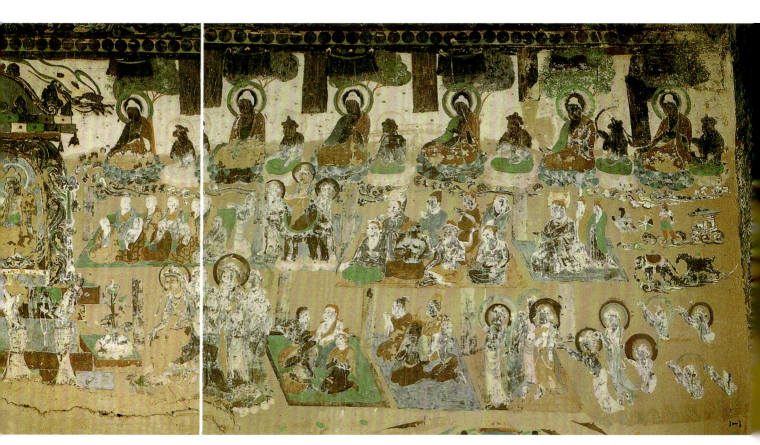

75 第331窟 东壁上部 法华经变 初唐

77 第334窟　西壁龛内　佛像头光（部分）　初唐

78　第334窟　西壁龛内北侧维摩诘经变中　天女　初唐

79 第334窟 西壁龛内北侧维摩诘经变中 化菩萨 初唐

81　第334窟　南壁　阿弥陀经变（部分）　初唐

82　第334窟　东壁门上　十一面观音　初唐

83　第334窟　窟顶藻井　初唐

85 第71窟 北壁 阿弥陀经变（部分） 初唐

86 第71窟 北壁 阿弥陀经变（部分） 初唐

89 第332窟 南壁后部 涅槃经变（部分） 初唐

90 第332窟 南壁后部 涅槃经变（部分） 初唐

91　第332窟　南壁后部　涅槃经变（部分）　初唐

92　第332窟　东壁门上　观音净土变　初唐

93 第332窟 东壁北侧 灵鹫山说法图 初唐

94　第332窟　东壁南侧　阿弥陀三尊五十菩萨图　初唐

95　第217窟　西壁南側　大勢至菩薩　初唐

97 第217窟 西壁龛顶 说法图（部分） 初唐

98 第217窟 西壁龛内北侧 菩萨 初唐

101 第217窟 南壁东侧 法华经变（部分） 初唐

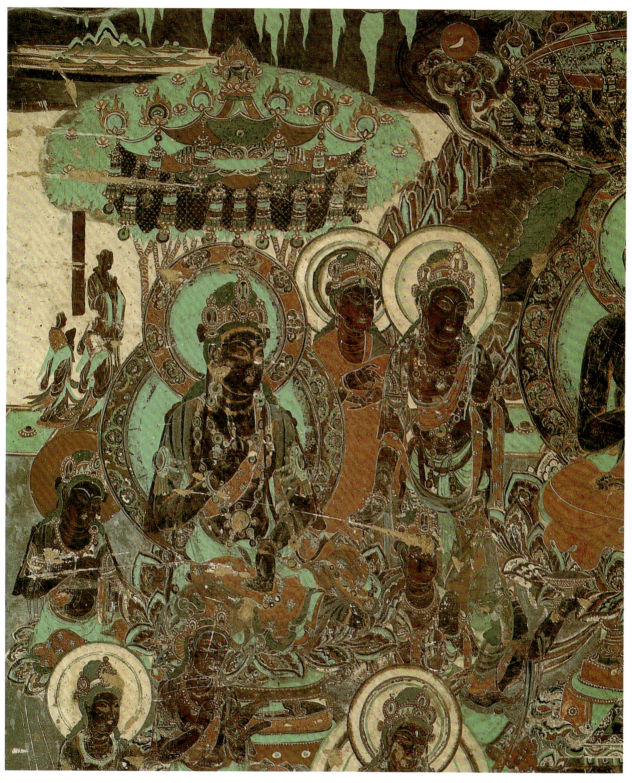

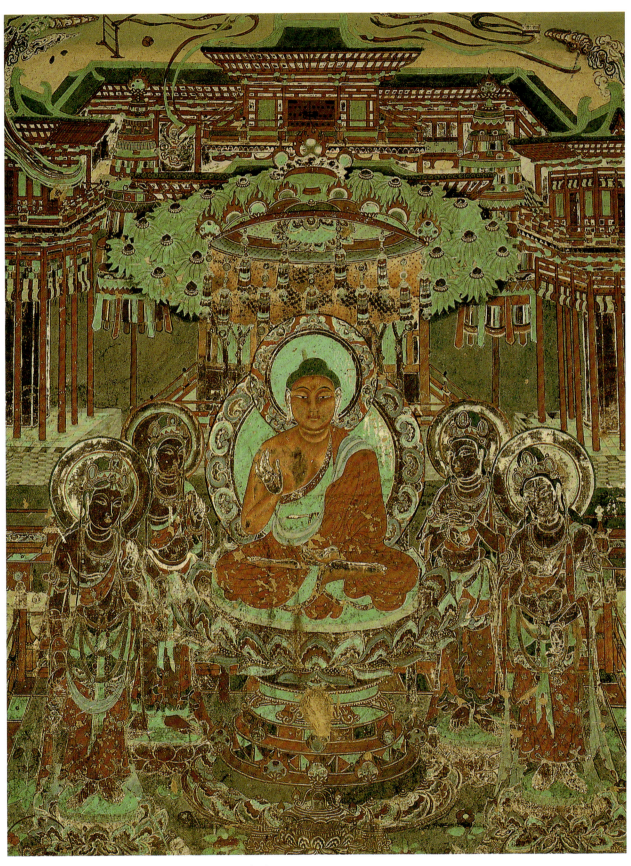

104 第217窟 北壁 观无量寿经变（部分） 初唐

105 第217窟 北壁东侧 十六观（部分） 初唐

108　第217窟　东壁　初唐

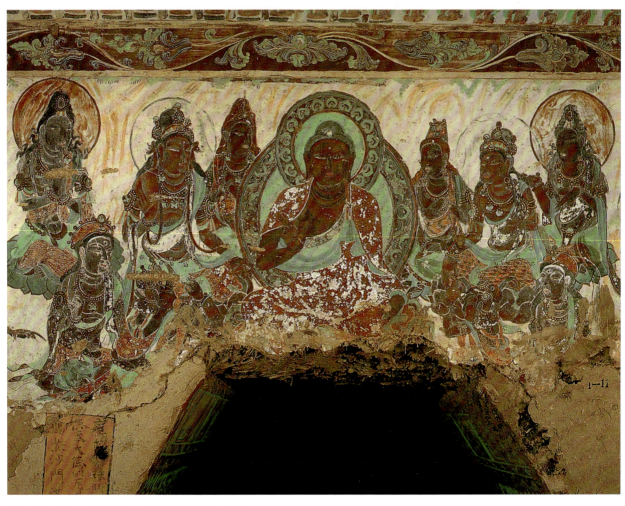

109　第217窟　东壁门上　灵鹫山说法图　初唐

110 第217窟 东壁北侧 观音经变（部分） 初唐

111 第328窟 西壁 盛唐

112 第328窟 西壁龛顶 说法图 盛唐

114 第328窟 西壁龛内 坐佛 盛唐

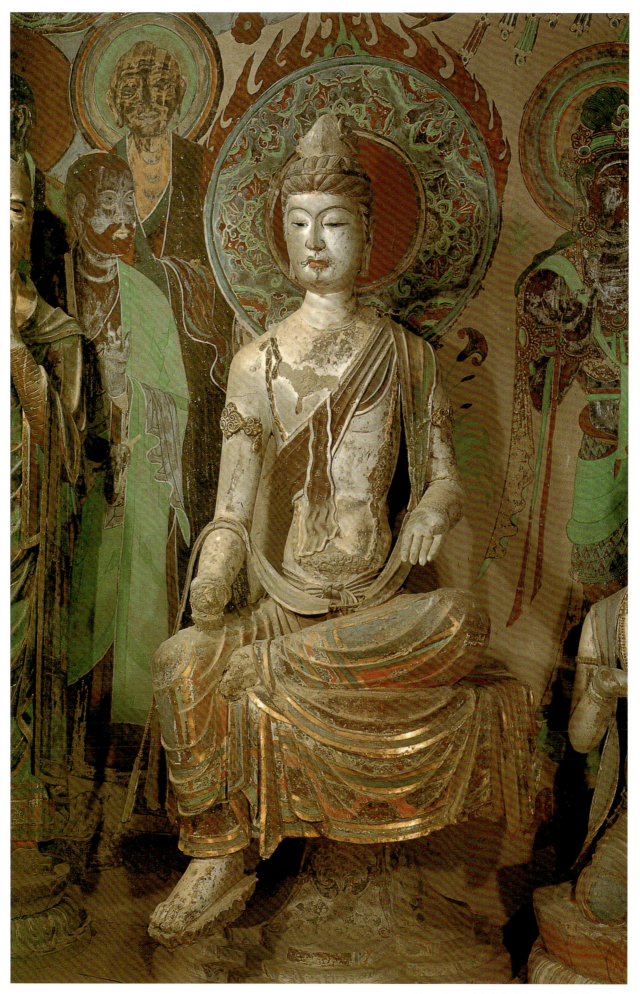

116　第328窟　西壁龛内南侧　阿难（部分）　盛唐

117 第328窟 西壁龛内北侧 迦叶 盛唐

118 第328窟　西壁南侧　供养菩萨　盛唐

119　第328窟　西壁龛内北侧　供养菩萨　盛唐

121 第205窟 西壁北侧 观音菩萨与供养人 盛唐

122　第205窟　中心佛坛南侧　半跏菩萨　盛唐

123 第205窟 中心佛坛北侧 菩萨（部分） 盛唐

124 第45窟 西壁 盛唐

125 第45窟 西壁龛顶 法华经变见宝塔品 盛唐

127 第45窟 西壁龛内南侧 盛唐

129 第45窟 西壁龛内南侧 菩萨（部分） 盛唐

131　第45窟　南壁　观音经变　盛唐

132　第45窟　南壁东侧　观音经变（部分）　盛唐

133　第45窟　南壁西側　観音経変（部分）　盛唐

134　第45窟　南壁西側　観音経変（部分）　盛唐

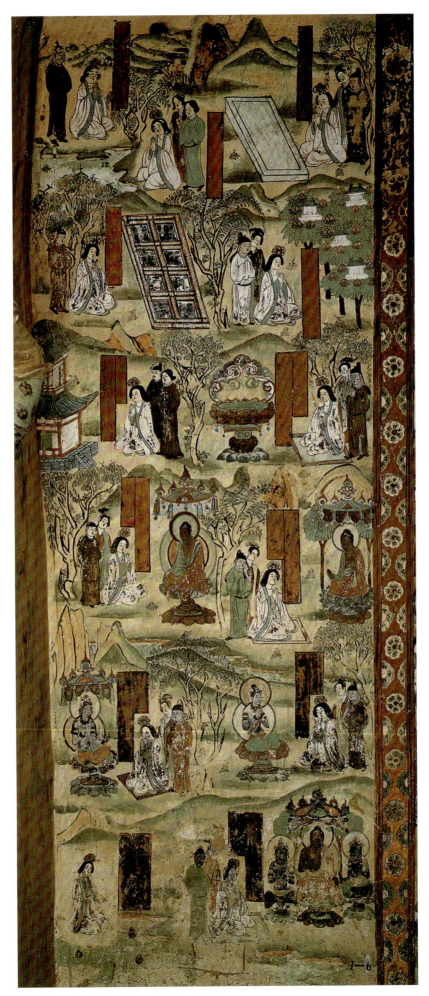

138　第45窟　北壁西侧　十六观　盛唐

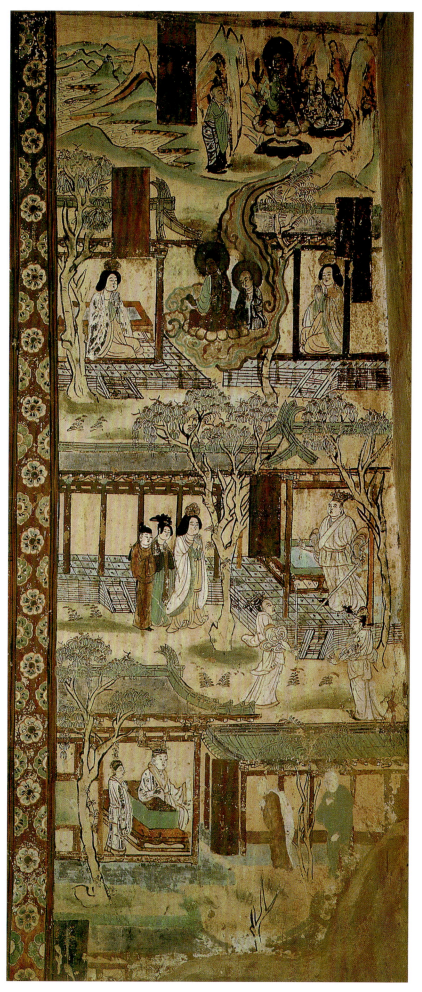

139 第45窟　北壁东侧　未生怨　盛唐

140　第33窟　西壁龕内南側　菩薩（部分）　盛唐

141 第33窟　西壁龛内北侧　菩萨（部分）　盛唐

142 第33窟　南壁东侧　弥勒经变（部分）　盛唐

143　第113窟　西壁　盛唐

144　第129窟　窟顶藻井（部分）　盛唐

145　第319窟　西壁坛上北侧　半跏菩萨（部分）　盛唐

146　第319窟　窟顶藻井　盛唐

147 第46窟　西壁　盛唐

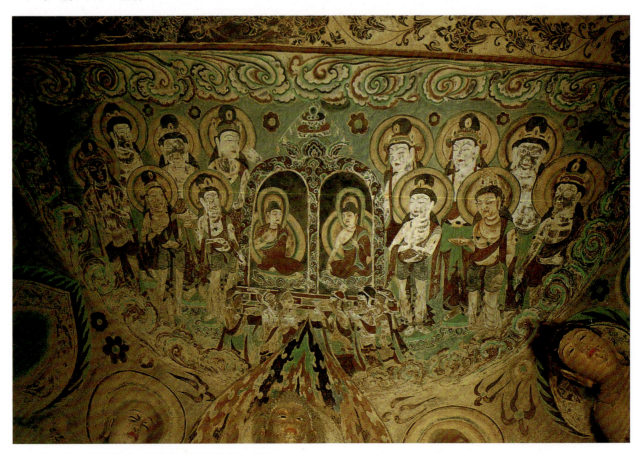

148 第46窟　西壁龛顶　法华经变见宝塔品　盛唐

150 第39窟 西壁龛内南侧 飞天 盛唐

151　第39窟　西壁龛顶　飞天　盛唐

152 第103窟 南壁 法华经变（部分） 盛唐

153 第103窟 南壁西侧 法华经变化城喻品 盛唐

154 第103窟 东壁北侧维摩诘经变中 文殊 盛唐

156 第103窟 东壁门上 维摩诘经变佛国品 盛唐

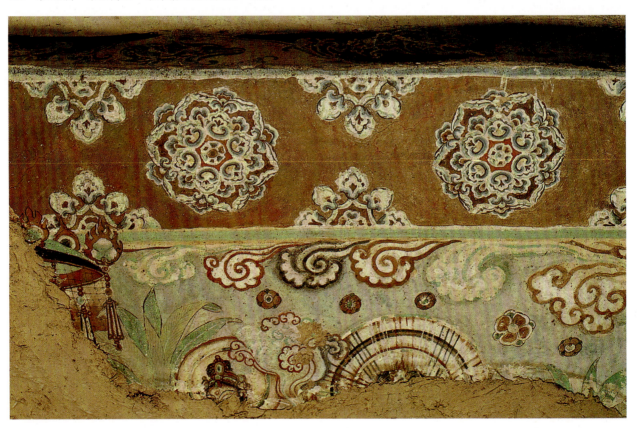

157 第103窟 西壁龛顶（部分） 盛唐

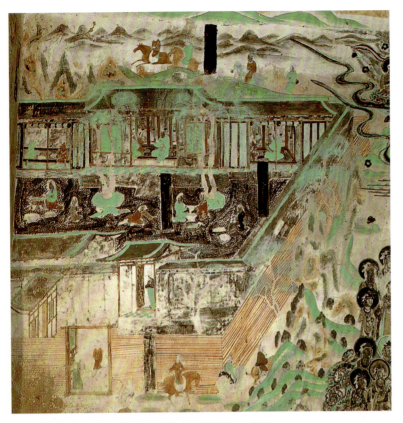

159 第23窟　南壁东侧　法华经变（部分）　盛唐

160 第23窟　北壁西侧　法华经变（部分）　盛唐

162　第23窟　窟顶东披　法华经变观音普门品（部分）　盛唐

163 第23窟 窟顶东披 法华经变观音普门品（部分） 盛唐

164 第23窟 窟顶南披 法华经变观音普门品（部分） 盛唐

165 第66窟 窟室内景 盛唐

166 第66窟 北壁西侧 十六观（部分） 盛唐

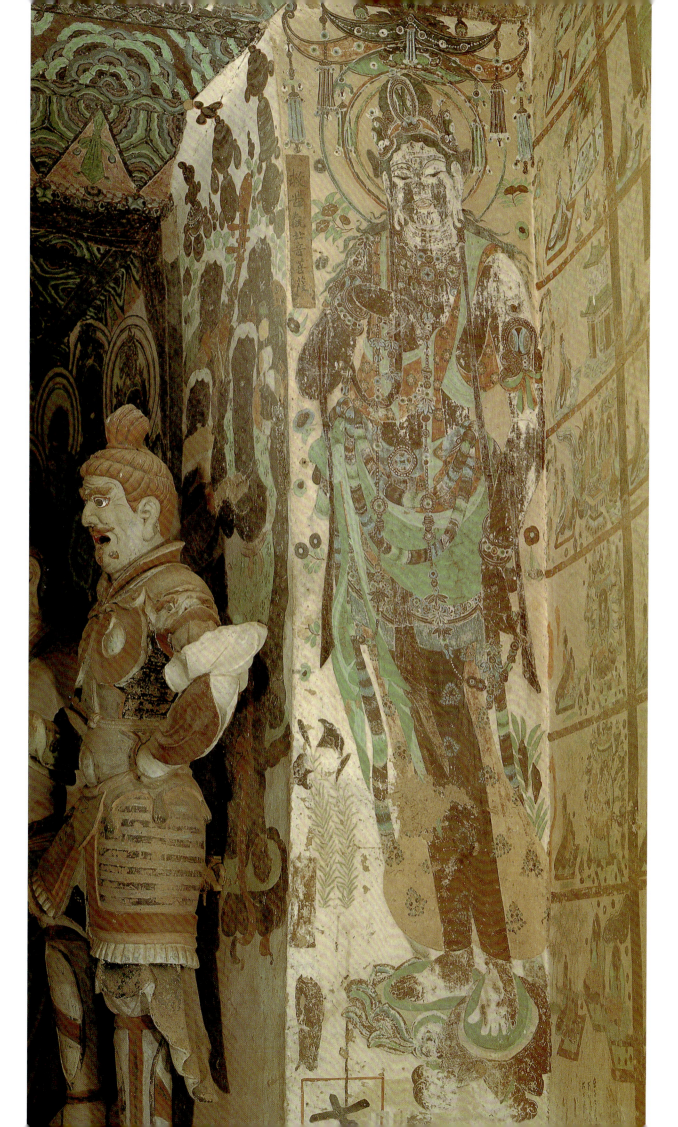

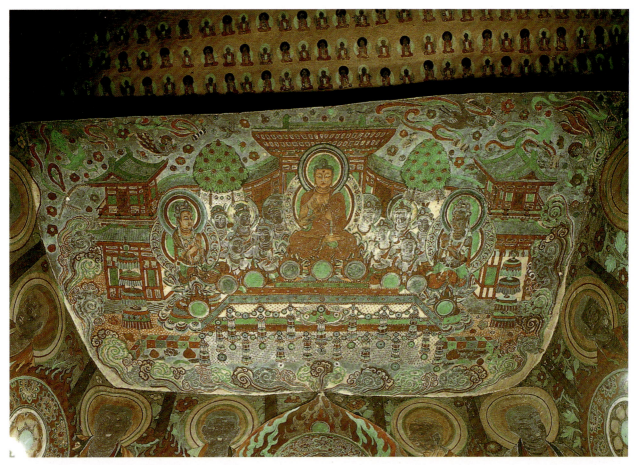

168 第225窟 南壁龛顶 西方净土变 盛唐

169 第225窟 南壁龛内东侧（部分） 盛唐

170 第225窟 东壁南侧 女供养人 盛唐

172　第445窟　南壁阿弥陀经变中　舞蹈　盛唐

173 第445窟 南壁阿弥陀经变中 伎乐 盛唐

174 第445窟 南壁阿弥陀经变中 伎乐 盛唐

175 第445窟 北壁 弥勒下生经变 盛唐

176　第445窟　北壁弥勒下生经变中　剃度　盛唐

177　第445窟　北壁弥勒下生经变中　嫁娶　盛唐

179 第444窟 南壁中央 说法图 盛唐

唐代前期的莫高窟艺术

段文杰

唐代敦煌地区的历史，可以划分为三个时期：一、唐朝中央政府直接控制时期（武德初至建中二年，公元618～781年）；二、吐蕃占领时期（建中二年至大中二年，公元781～848年）；三、张议潮统治时期（大中二年至唐末，公元848～907年）。如果从敦煌艺术的角度来划分，上述第一时期可称为前期，第二、三时期可称为后期。

唐代是我国历史上封建社会经济、政治、文化发展的高峰。唐代由盛入衰，玄宗天宝十四载（公元755年）的安史之乱是历史学者公认的分界线。在此以前为社会上升发展时期。从唐高祖李渊开国以来，唐太宗李世民统治二十三年的贞观之治，为这个王朝奠定了坚实的基础，嗣后又经武后和玄宗两朝的发展，国势乃臻于极盛。敦煌艺术史上的唐代前期，即大体相当于唐代的这一上升发展时期。

唐代的中央政权对"丝绸之路"的咽喉河西走廊，一开始就十分重视。当时的重臣褚遂良说："河西者，中国之心腹"[①]，足以代表统治集团的看法。因此，俟关中稍定，唐军便挥戈西进，平定了兰州薛举、凉州李轨等地方割据势力；又于武德六年（公元624年）镇压了沙州张护、李通的叛乱，控制了整个河西。贞观十四年（公元640年），侯君集进军高昌，逐步统一了西域，保证了丝绸之路的全线畅通。

随着军事、政治力量的巩固，中央政权又在河西地区推行了一系列有力的经济措施，劝农桑，辟屯田，尽水陆之利，使农业生产得到很大的发展，"桑麻翳野，天下称富"[②]。今日敦煌，即当年的沙州，扼河西走廊的要冲，其繁盛的情况，在唐人诗歌和文献里，不乏生动的记载。

敦煌莫高窟艺术的发展，不能不取决于佛教势力的消长。

有唐一代，兼崇释老，两教之间的斗争一直没有停止过。唐初武德年间，由于傅奕的极力辟佛，唐高祖曾下过《沙汰僧道诏》。唐太宗继位后，曾公开表示过"至於佛教，意非所遵"[③]，实际上不过要把道教摆在佛教之前，并无废佛之意，相反却是对佛教一向"情深护持"[④]。到了后来，特别是玄奘求法归来之后，他的态度就有了更明显的转变。综观武德、贞观两朝，佛教确曾受到一些压抑，但这种压抑却并没有达到阻碍佛教传播的程度。事实上，佛教在隋文帝父子的大力提倡下，早已形成了一股强大的社会力量。在民间广泛信仰的基础上，佛教一直缓慢而平稳地发展着。

宗教斗争常常和政治斗争联系在一起。北朝的释老之争与胡汉之争有关，初唐的释老之争则有武、李两族争夺政权的背景。唐朝皇帝姓李，自己附会为李老君之后。及至武后当权，欲取代李氏王朝而自立，就大造符瑞图谶以为舆论准备。僧人怀义、法朗等造《大云经疏》，称武则天是弥勒下世。所以，她一旦登位，立即以诏令形式规定佛教地位在道教之上，并且大造佛寺，广度僧尼。况且，佛教本身在调和阶级矛盾，巩固封建统治方面确实具有不容忽视的作用，诚如李节所说："俗既病矣，人既愁矣，不有释氏使安其分，勇者将奋而思斗，知者将静而思谋，则

① 《资治通鉴》卷一百九十六褚遂良疏。
② 《资治通鉴》卷二百一十六。
③ 唐太宗《贬萧瑀手诏》，《全唐文》卷八。
④ 唐太宗《度僧于天下诏》，《广弘明集》卷二十八（《大正藏》卷52，p.329）。

图1 第45窟窟室内景

阡陌之人皆纷纷而群起矣"⑤。因此，武周之年，在强大的政治力量推动下，佛教振兴，各个宗派争奇斗胜，浮屠道场遍于天下。

敦煌地近西域，本来就是佛教的圣地，到了这时，佛寺更如雨后春笋一样地出现。仅莫高窟现存题记中有名者，就有龙兴寺、大云寺、普光寺、金光明寺等。这里唐代后期的十六大寺⑥，也多半始建于前期。许多有名的高僧从长安前来弘扬佛法，代表人物例如昙旷⑦，在敦煌居住了十九年，撰写了不少解释大乘佛学的著作。

唐代前期的敦煌石窟艺术，就是在这样的背景下达到了自身历史的顶峰。

一

唐代前期是敦煌莫高窟造窟最多的时代，现存洞窟 127 个。这些洞窟，同中原地区的寺院一样，体现了大乘佛教思想，展示了佛教和佛教艺术全盛时期的面貌。

唐代前期洞窟有不少保存着纪年题记，其中一部分是建窟或造像的纪年，如：

贞观十六年（公元 642 年）	第 220 窟
上元二年（公元 675 年）	第 386 窟
垂拱二年（公元 686 年）	第 335 窟
延载二年（公元 695 年）	第 96 窟
万岁三年（公元 697 年）	第 123 窟
圣历元年（公元 698 年）	第 332 窟
开元九年（公元 721 年）	第 130 窟
开元十四年（公元 726 年）	第 41 窟
天宝七年（公元 748 年）	第 180 窟
天宝八年（公元 749 年）	第 185 窟
大历十一年（公元 776 年）	第 148 窟

据推断，第 148 窟大约建于大历六年（公元 771 年）前后，大历十一年则是窟内刻碑的时间。此外，还有一些洞窟的年代可以推断出来，如：

贞观二十二年（公元 648 年）	第 431 窟
载初前后（公元 689 年前后）	第 323 窟
神龙年间（公元 705～706 年）	第 217 窟

有了这些可靠的年代，进而探索石窟形制、内容和艺术风格的递嬗演变的规律，就有了很大的便利。

唐代洞窟一般都有前后室。前室平面多为横长方形，室外多有木构建筑。木构建筑今已无存。据史籍记载，那些建筑"上下云矗，构以飞阁，南北霞连"⑧，"悉有虚槛通连"⑨，因而石窟外观雄伟壮丽。鸣沙山下、宕泉河畔的莫高窟，"目极远山，前流长河，波映重阁，风鸣道树"⑩，在当年茫茫戈壁滩中的旅人看来，这景色如现神迹。

石窟后室（主室）平面呈方形，覆斗藻井窟顶，室内有宽敞的活动空间，供善男信女巡礼、瞻仰、参拜和斋会，即所谓"殿堂式"，或称"覆斗顶式"（图 1 ）。这是唐代前期最普遍的窟形。只有第 332、39（图 2 ）等个别窟保留着前代的中心柱和人字披顶形式。殿堂式窟大都是单龛窟，

⑤ 李节《饯潭州疏言禅师诣太原求藏经诗序》，《全唐文》卷七百八十八。

⑥ 吐蕃时期十六寺，见浜田德海藏敦煌石窟遗书115号《诸寺付经历》。张议潮时期十六寺，见敦煌石窟遗书S.1947₃。

⑦ 敦煌石窟遗书S.6219₂。

⑧ 《沙州文录》刊《陇西李家先代碑记》，即敦煌石窟遗书P.3608故唐律残卷背《陇西李氏修功德记》。莫高窟第148窟有碑额题为"大唐陇西李府君修功德碑记"。

⑨ 《敦煌录》（《大正藏》卷51，p.997）。

⑩ 同⑧。

图2 第39窟窟室内景

仅很少数的窟开有三龛，如第 46 （图 3 a）、225 （图 3b）、386 等窟。单龛窟中，承袭隋代双层龛口遗制的，只剩下与隋代窟接邻的第 57、322 等几个窟。单龛窟都是在西壁（正壁）开龛造像。个别窟（如第205 窟），在窟室中心设佛坛（佛床），坛上塑像，从洞窟形制看，已具有晚期的因素。

　　各窟内的彩塑和壁画，大多有周密的整体设计，突破了旧的格局，出现了新的意境。一般的规格是：正龛（西壁龛）内置成铺塑像，龛内画菩萨和十大弟子、龙天诸神，帐门两侧画菩萨或小型维摩诘经变或文殊、普贤或佛传乘象入胎、逾城出家等；南北两壁画大型经变，如阿弥陀经变、观无量寿经变、弥勒经变、法华经变、药师经变等；东壁则利用被门洞一剖为二的壁画，画左右对称的两组画面，常见的是维摩诘经变；门洞上方画说法图、三佛、二佛并坐等构图精练而严整的尊像。覆斗形窟顶中央为华盖式藻井，四披画千佛或说法相，也画经变。地面铺莲花砖。整个洞窟形成一个"净土世界"，这与当时两京寺观中的"净土院"、"菩提院"具有相同的性质。至于彩塑和壁画等的丰富内容及艺术成就，则需要分别加以具体的叙述。

图3a 第46窟窟室内景

图3b 第225窟窟室内景

图4　第331窟西壁龛

图5　第45窟西壁龛内迦叶像（部分）

唐代前期的彩塑，在隋代三十余年间努力探索的基础上进入了新的历史阶段。首先，全部塑像已都是圆塑；浮塑已很少见到，在形式上大大超越了影塑、浮塑、圆塑三者互相配合的阶段。其次，在艺术技巧上有了重大的发展，写实手法大大提高，进入了人物内心刻画的新领域。

整铺的群像是唐代彩塑的主要形式，有说法相和涅槃相。

说法相以佛为中心，由近至远，按身份等级侍列成对的弟子、菩萨、天王、力士以及胡跪的供养菩萨。一铺像少则七身，多则十余身。龛内壁画往往作为塑像的补充，例如阿难、迦叶身后画八位高僧合为十大弟子，弟子之外又画菩萨、诸天等，组成圣众行列，扩大了龛内的空间，构成了全窟的重心（图4）。有的龛内，塑、画结合成经变的形式，如第180窟正龛即是一铺完整的弥勒经变。

主尊佛像的坐式，一般为结跏趺坐或善跏坐。中国式的方领大袍代替了早期"曹衣出水"式的天竺袈裟。原来风流潇洒、儒雅清高的名士风度，已变成雍容华贵、庄严肃穆的神圣气概。

弟子塑像，庄重练达的老迦叶与聪敏睿智的小阿难，性格的对比更加鲜明。现存唐代前期十几身弟子像各有风姿，表现出塑工的卓绝技艺，其中第328窟和第45窟的弟子像（图5）更是杰出的作品。

菩萨塑像可分两类。一类出现于唐初，多少还保留着隋末的余风，体态修长、亭亭玉立，璎珞严身，长裙覆脚，神情庄静；第41窟开元十四年的小身菩萨是此类造型风格的代表。另一类菩萨面相丰腴，长眉入鬓，肌肤洁白如玉，身姿婀娜，体态呈"S"形扭曲，神情温婉而妩媚，有如贵妇人的仪态；这一类都是盛唐作品，第45窟的两身菩萨是突出的典型。

唐代前期窟内正龛南北两侧的天王塑像，或可认为是南方毗琉璃天王和北方毗沙门天王。有西域式的形象，如初唐第322窟高鼻大眼、八字胡、顶盔贯甲的天王。也有来自中原的形式，如盛唐第46窟天王，头顶束髻，身穿光彩耀目的金甲，攒拳怒目，气势威猛。被天王踏在脚下的恶鬼，往往变形巧妙，粗犷有力。

这样的一组彩塑群像，每身像各具不同身份，动态、神情和外貌各异，互相呼应，融为整体，展现出唐代雕塑艺术的高度造诣。群像的形式和组合是多样化的。不同于上述的例子如圣历元年（公元698年）建造的第332窟。窟内"中浮宝刹，后起涅槃"，"傍列金姿"⑪。所谓宝刹，即中心柱，柱前（包括南、北壁前部）设三铺立佛说法像，以示一佛三身；柱后在后壁塑涅槃相，是敦煌现存彩塑涅槃相中最早的一铺。

小型涅槃相中已有"佛母下天"和"舍利弗先佛入灭"等较简单的情节。大型涅槃相例如大历六年（公元771年）前后的李太宾窟（即第148窟），已将石窟建筑、彩塑和壁画三者有机地结合起来，形成了规模巨大的涅槃变；可惜，长达十六米的大卧佛及其门徒群像，均被清代改塑、重妆，已非当年的旧貌了。

除群像塑造方面的成就之外，唐代前期莫高窟彩塑的又一个显著的特点是巨型佛像的出现。

社会经济力量空前发展，政治力量空前强大，于是雄伟、壮丽成为艺术家所追求的时代风貌。在敦煌，巨型造像应运而生。据《旧唐书》记载，武则天在载初元年（公元690年）命令天下各州建造大云寺，延载元年（公元694年）又令薛怀义造夹纻大像。敦煌莫高窟第156窟壁题《莫高窟记》载明："至延载二年禅师灵隐共居士阴祖等造北大像高一百卅尺"，这尊巨大的善跏坐弥勒像的出现，与武则天的上述诏令显然有关，而不是偶然的巧合。《莫高窟记》又记："开元年中僧处谚与乡人马思忠等造南大像高一百廿尺"。现存莫高窟第96窟和第130窟各塑善跏坐弥勒像，分别高33米和26米，应当就是题记所称的北大像和南大像（图6）。北大像一再经晚唐张淮深、宋初曹元忠和夫人翟氏以及清代的富户出资重塑妆銮，其手势、衣纹、色彩均非原作，只有头部还保存着初唐丰满圆润的旧貌。南大像除右手为后加者外，基本上保存原状；比例适当，躯体健壮，曲眉丰颐，神态庄静，充分显示出盛唐风格。方锥形的洞窟，下大上小，与佛像造型恰相适应，使佛像显得很稳定，并有宏伟的气势。南大像与同样建造于开元年间的四川乐山嘉定大佛（高73米）相比，规模上虽远远不及，但在艺术成就上似更为精湛。

图6　第130窟南大像（部分）

三

莫高窟唐代前期的壁画，从内容到形式都有了划时代的变化和发展。从内容上分，大体可归为五大类，分述如下。

一、佛像画

此类壁画除了同塑像结合为说法相构成窟室的主体而外，还有各种说法图。大大小小的说法图中画有佛、弟子、菩萨、天王、龙王、阿修罗王、乾闼婆等诸天圣众及金刚力士。初唐第334、321等窟还有十一面八臂的观音说法相。

唐代单身的佛、菩萨像日益增多，观音、大势至从经变画中独立出来。在净土思想弥漫全国的形势下，观音、势至地位渐渐显赫，正如唐代变文所咏，"念观音、求势至，极乐门开随取意。一弹指顷到西方，大圣弥陀见欢喜"⑫，观世音菩萨已经成为人们在现实苦难中寻求解脱并

⑪　《唐李怀让重修莫高窟碑》，敦煌石窟遗书称"李君碑"。此碑原在第332窟中心柱前发现，现存敦煌文物研究所。

⑫　《无常经讲经文》，《敦煌变文集》卷五，人民文学出版社1957年版。

图7a　第331窟西壁南侧上部文殊

图7b　第331窟西壁北侧上部普贤

图8　第220窟南壁阿弥陀经变（部分）

寄托美好愿望的尊神。

　　菩萨像中，还有新出现的文殊、普贤左右对称的画像，多绘于西壁龛外帐门两侧。第331窟中，文殊跨青狮，普贤骑白象，乘骑之下都有飞天托足、天人奏乐，自碧空飘荡而下（图7）。第172窟的文殊、普贤，则腾云驾雾，飞行于江海之上，构图上已逐渐形成了以文殊、普贤为主体天人簇拥的行进行列。

　　二、经变画

　　初唐的经变画，是在隋代雏形的基础上发展起来的，至贞观中期趋于成熟，形成一部经一壁画的巨型结构。唐代前期现存经变主要有八种：

阿弥陀经变	28铺
法华经变	20铺
观无量寿经变	17铺
弥勒经变	17铺
维摩诘经变	11铺
东方药师经变	6铺
涅槃变	5铺
劳度叉斗圣变	1铺

　　阿弥陀经变，亦称西方净土变，是唐代前期现存各种经变画中最多的一种。画面以《佛说阿弥陀经》为依据，着重表现佛国世界的华丽与欢乐。这一经变经过漫长的发展阶段，至唐初武德年间还只有一些小型的构图，其内容仅比说法图多了宝池和乐舞，到了贞观年间变得完备了。第220窟南壁贞观十六年（公元642年）的一铺，是规模最大而且保存最好的阿弥陀经变。图中有碧波浩淼的宝池，池中莲花盛开，化生童子自莲花中出，阿弥陀佛结跏趺坐于池中央莲台上，观音、势至胁侍左右，四周拥绕众多菩萨。宝池前有平台雕栏，东西两侧楼阁耸峙。平台上乐队坐于两厢，中间一对舞伎，宝冠璎珞，穿石榴裙，挥动长巾，翩翩起舞（图8）；与此同时，上上下下的孔雀、鹦鹉、仙鹤、迦陵频伽、共命鸟等，也都振动双翼，应弦而动。上部则是一片碧空，彩云与乐器飘

游天际，不鼓自鸣。密密匝匝的构图把"无有众苦，但受诸乐"[13]的西方净土表现得非常充分。这可以算是阿弥陀经变的标准形式。

《观无量寿佛经》的变相，最早出现于初唐第431窟，画出"未生怨"、"十六观"和"九品往生"，但还没有完整统一的结构。盛唐时期开始定型，形成三个固定的部分：中间是西方净土，两侧为对联形式的立轴画，分别画未生怨和十六观。未生怨是出自《观无量寿佛经》序品的故事。经中说：国王频婆娑罗年迈，求子心切，闻知修行人命终后即来投胎，遂害死了修行人和修行人转世的白兔，于是王后有孕，果然生子。相师曾预言，此子因生前结怨，日后必害其父。王子长大后，杀死国王并幽禁母后。未生怨图中自下而上画王子执父、知母后送蜜欲弑母后以及母后礼佛等各个场面。十六观也同出于这个故事：王后目睹如是种种苦难，对此恶浊世界心生觉悟，在佛的启示下，采用日想观、水想观（即对日、对水沉思默想）等十六观的修行方法，终于得到解脱，进入了佛国净土。十六观图自上而下画王后修行的十六个场面。开元、天宝以降，观无量寿经变盛行，至今完好地保存在第172、320等窟中。

弥勒经变有两种。一种已见于隋代壁画，以《弥勒上生经》为依据，构图简单，画弥勒菩萨头戴宝冠，交脚坐于宫殿内，两侧重楼高阁之中有天女歌舞奏乐，表现的是弥勒上生兜率天宫的情景。唐代的多数弥勒经变以《弥勒下生成佛经》为主要依据，图中画善跏坐弥勒佛像，上有宝盖悬空，左右圣众围绕。不少的弥勒经变将上述两种合为一幅，上部画弥勒菩萨上生兜率天，下部画弥勒下生成佛，例如第445、148等窟。弥勒佛以下画婆罗门拆毁"七宝幢"（图中画作楼阁建筑），以此比喻人生无常，同时宣扬涅槃最乐（图9）。图两侧画穰佉王及王子、彩女、大臣剃度出家，以及弥勒净土的各种美妙事物，诸如山喷香气、地涌甜泉、雨泽随时、一种七收、树上生衣、随意取用、路不拾遗、夜不闭户、罗刹扫地、龙王洒水，以及人寿八万四千岁和女人五百岁始婚嫁等等。值得特别注意的是图中穿插的情节，多方面地反映了当时的现实生活；例如一种七收的画面上，有耕田、播种、收割、扬场、入仓等整个农业生产过程（图10）；又例如许多生动的嫁娶图；对于历史研究者来说，都是足资参考的形象资料。

法华经变以《妙法莲华经》为依据。此经共有二十八品，北朝时期只表现了其中个别品，如见宝塔品；隋代有所发展，出现了序品、譬喻品、普门品等的大幅画面。法华经变在唐代前期已形成完整的巨型结构，它和别的经变一样，以佛及序品为中心，四周环绕着各品的故事情节。构图形式不一。化城喻品、普门品、法师品和譬喻品等在构图中占有显著地位。由于观音信仰流行，唐代前期依据观音普门品逐渐发展成为独立的观音经变，画观世音菩萨像、救济八难和三十三现身。法华经变在大乘经变相中内容最为丰富，其中包括了行旅、航船、战争、刑法、盗贼、医疗、宅院和宗教活动等现实生活画面。它们在唐代前期洞窟里十分常见，个别的洞窟，例如第23窟，几乎成了"法华窟"。

维摩诘经变是以《维摩诘所说经》为依据的，记载中最早见于东晋，现存实物最早的是永靖炳灵寺西秦建弘元年（公元420年）的小型壁画；在敦煌莫高窟则始于隋代，但多是正龛帐门两侧的小幅装饰，唐代贞观年间才形成整壁的结构。唐代前期的维摩诘经变，一般都在东壁的门两侧，现存最大的画面约20平方米。构图以文殊师利问疾品为主体，文

图9　第445窟北壁弥勒经变中拆毁七宝幢

⑬　鸠摩罗什译《佛说阿弥陀经》（《大正藏》卷12，p.346）。

图10　第445窟弥勒经变中耕获图

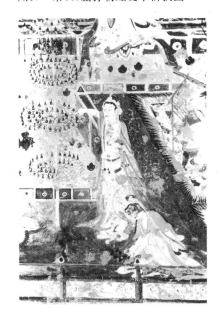

图11　第220窟北壁药师经变中燃灯供养

殊和维摩诘各率徒众、从属分列于左右两侧，相互对称。维摩诘坐方帐内，头戴纶巾，身穿鹤氅裘，并无"清赢示病"之容，而是神采奕奕的长者。显然，这是唐代人同东晋人具有不同审美理想的缘故。文殊坐于狮子宝座上，他和维摩诘身旁的人众，表现国王、大臣、长者、居士、婆罗门及诸族王子与官属前来问疾，甚为壮观。图中又描绘了种种神通变化，诸如三万二千狮子座从天而降（不思议品），化菩萨施香饭（香积品），天女散花（观众生品）等等，已经不限于问疾品的内容。整个画面通过渲染这位拥有妻子、儿女、奴婢和田园宅第的在家居士，宣扬了大乘思想。

东方药师经变所依据的是《药师琉璃光七佛本愿功德经》和《药师琉璃光如来本愿功德经》两种经文。第 220 窟北壁的东方药师经变，即以强调供养七佛的前一种经文为依据，画面主体为七身药师佛，周围描绘东方药师净土。画的下部，中间有灯楼，两侧立灯树，树层层作圆轮形（图 11）；左右有规模宏大的乐舞场面，两厢列置乐队，乐器中有来自中原的筝、方响等，有西域的羌笛、羯鼓、腰鼓、铜钹等，还有外国传入的琵琶、箜篌等；两对舞伎，各在小圆毯子上旋转腾踏，巾帛飞扬，大约就是唐代流行的胡旋舞或胡腾舞。画的上部，"天花遍覆，天乐常鸣"⑭。以后一种经文为依据的东方药师经变，出现于天宝以后，画面与其它净土变相似，也是对极乐世界极尽渲染，唯经变主体结构的两侧，以对联形式的立轴画，表现《药师经》中的十二大愿和九横死。

涅槃变，在唐代前期多为大乘涅槃，主要依据《大般涅槃经后分》、《大智度论》和《菩萨处胎经》等，其内容有双林入灭、迦叶礼足、舍利弗先佛入灭、佛母下天、现身说法以及金棺出城幢幡供养、香楼荼毗火自棺出、八王兴兵竞争舍利、优波吉均分舍利等场面。圣历元年的第

⑭　唐·义净译《药师琉璃光七佛本愿功德经》卷上（《大正藏》卷14，p.410）。

168

322窟和大历年间的第148窟，画面均极宏伟。第322窟南壁上部的八王争舍利图，描写西域骑兵在山野流水间鏖战，形象生动，颇有古战场的气氛。

以《大方便佛报恩经》为依据的报恩经变，出现在大历年间（公元766～779年）的第148窟甬道顶部，序品居中，南北两披分别为孝养品和恶友品。此外还有论议品、亲近品等。序品画阿难持钵行乞，路遇孝子婆罗门肩负老母乞讨，为全经变的点题之作。孝养品（须阇提太子本生）和恶友品（善事太子入海品）等另散见于《贤愚经》、《六度集经》、《大般涅槃经》，并曾以独立的故事画出现于北周洞窟内。《大方便佛报恩经》译者已佚，看来很有可能是中国僧侣按照佛经和儒家孝经的内容，拼凑起来的"伪经"。

唐代前期的劳度叉斗圣变还只是刚刚出现，在第335窟的龛内两侧，北侧画舍利弗，南侧画劳度叉，虽然尚未形成大幅的构图，但分置两侧大体对称的格局已经确定。这一表现佛弟子与外道斗法的变相出自《贤愚经》。

三、佛教史迹画和戒律画

在武则天大力弘扬佛教的时期，莫高窟第323窟出现了一批佛教史迹画。这些壁画里，有真实的历史人物和历史事件，同时也有佛徒们的虚构，每一场面均有榜题书写内容。

史迹画位于第323窟的南北两壁上部，画面约分八组，有释迦牟尼晒衣、阿育王拜塔，又有发生在中国的主要佛教史迹故事，如：

汉武帝诣甘泉宫礼拜金人并派遣张骞出使西域至大夏问金人（佛）名号。张骞使西域是历史上有名的大事，与佛教本无关联，唐代佛徒虚拟这样的故事，意在抬高佛教在与道教竞争中的地位。

三国时期名僧康僧会自海路来至江东传播佛教。画面表现了康僧会等乘小舟过茫茫江海到建康传教、孙权得舍利并下令造建初寺、孙皓恭迎康僧会等情景。

西晋时吴淞口石佛浮江。

东晋时阳都高悝得金像。

后赵佛图澄神异事迹：幽州灭火、池边洗肠、听铃声预测吉凶。

隋代昙延法师祈雨。画了三个场面：隋文帝郊迎昙延、宫庭讲经、登台祈雨。

上述故事由西汉直到隋代，备述帝王崇佛事迹，掺杂了大量的虚构和感应之说。显然是佛教徒为了争取中央政权的支持并巩固和发展其政治地位而创作出来的，其中不乏生动而精彩的画面。

第323窟东壁门两侧画佛教戒律画，将佛教的戒律加以图解。

四、供养人画像

唐代前期，"写真"画家辈出。不仅有著名的凌烟阁功臣肖像，在两京寺观里还有许多历史或现实人物的写真，如"明皇像"、"梁武帝"、"玄奘像"、"于阗国王像"等⑮。当时知名的宗教画家如阎立本、吴道子、韩幹、周昉、李果奴等同时都是肖像画家。敦煌莫高窟的供养人画像，虽然不同于"写真"，但仍应属于肖像画的范畴，尤其到了唐代，艺术表现上逐步打破了千人一面的模式，愈来愈多地刻画出不同人物的特点和个性。供养人的形象，已不仅限于表达对宗教的恭谨与虔诚，而且还用以显示氏族门庭以及宗族的谱系。莫高窟有一些由地位显赫的宗族世代

⑮ 张彦远《历代名画记》卷三《记两京外州寺观画壁》。

169

图12a 陕西乾县懿德太子李重润墓壁画宫女

图12b 第431窟南壁壁画女供养人

图12c 新疆吐鲁番阿斯塔那唐墓出土绢画仕女

⑯ 第220窟西壁龛下发现有初唐墨书题记"翟家窟"三字。

经营的洞窟,例如贞观年间始建的第220窟,通常被人们称作"翟家窟"⑯,便是翟玄迈、翟思远、翟通、翟奉达等数代人不断营造修饰的家庙。

在初唐,供养人像多排列在洞窟四壁的下部;有的一主数仆、三五成群;有的排成整齐的队列,绕窟一周。盛唐时,开始把供养人画到甬道的两侧,形象愈画愈大,都面向主室内正壁所塑主尊,手捧莲花,虔敬供养。

画像中有王公大臣、地方官吏、贵族妇女、僧侣居士以及侍从奴婢、圉人车户等各类人物,描绘愈益精湛。第329窟东壁南侧的一身初唐女供养人像,头束椎髻,身穿露胸窄袖衫,束长裙,体态秀美,长跪祈祷。窄袖衫裙是唐初流行的服式,看来至少已经传到了河西及敦煌(图12)。男供养人则如第220窟西壁龛下的道公翟思远像,戴莲花冠,穿大袖裙襦,属于上层人物的形象。盛唐第130窟天宝年间的乐庭瓌全家供养像,则已是等身的巨像。甬道北壁画乐庭瓌戴幞头,着襕衫,腰带搭筈,榜题为"朝议大夫使持节都督晋昌郡诸军事守晋昌郡太守兼墨离军使赐紫金鱼袋上柱国乐庭瓌供养时",身后侍立三子及奴仆。南壁画乐庭瓌夫人头饰抛家髻,着碧衫红裙、白罗花帔,手捧香炉,恭敬向佛,榜题为"都督夫人太原王氏一心供养",身后随二女及侍婢。侍婢们持扇、抱瓶、捧琴,左右顾盼,情态不一。内中有婢作男装,着襕衫,束带,裹透额罗幞头。即如唐诗所咏:"新装巧样画双蛾,漫裹恒世透额罗"。这与名画《虢国夫人游春图》中的宫廷侍婢一样,均为宫廷里的时世装。背景有垂柳萱花、翩翩蜂蝶,在庄重静穆的气氛中,点缀着活跃的生意。这幅女供养人画像,实在是一壁技艺出众的唐人仕女画(图13)。

施主形象的后面,奴仆形象中许多是胡人,并常与车马联系在一起。第431窟西壁下部的供养图中,画着三匹骏马,牵马的圉人似乎不堪疲乏困顿而埋头沉沉入睡了。这样世俗化的形象说明,民间艺术家在刻画宗教内容的同时,仍在努力挖掘现实生活中的情趣。在这一方面,唐代前期的供养人画像也取得了前所未有的成就。

五、装饰图案

随着洞窟形制的变化,唐代前期的装饰图案与石窟建筑之间的关系,已不如前代密切。在殿堂式洞窟内,最主要的装饰是覆斗顶上的藻井,其次是边饰,同时还增加了许多与建筑无关的新的装饰,诸如华盖、莲座、幡幢、地毯和服饰花纹等。其图案纹样从前代以仙灵神异为主,演变为以植物纹和几何纹为主,例如莲荷纹、葡萄纹、石榴纹、茶花纹、卷草纹、宝相花纹、团花纹、方胜纹、回纹、菱纹、联珠纹、垂鳞纹、云头纹、垂角纹、游龙对凤纹、化生飞天纹以及绫锦花纹。

初唐的藻井,均为华盖式,"圆盖象天",高悬窟顶,华丽庄严。华盖本是由古代帝王的"缴"(伞)演变而来,作为建筑物上天井的装饰,这也是石窟寺进一步中国化的表现之一。藻井的井心多饰垂莲或团花,绿色的宝池已逐渐变为蔚蓝的天空,四边镶着层层花边,最外层是伞的垂帷,缀饰着排列整齐的彩铃和飘带。

藻井的图案新意迭出。第209窟藻井(图14),在宽敞的方井中,描绘葡萄纹和石榴纹,藤蔓交错,巧妙地构成了象征丰收的图案,打破了以莲花为主体的单一格式。第329窟藻井,井心莲花的花心画成转轮形式,莲花四周天空湛蓝、彩云飘荡、飞天翱翔,充满了夺目的光彩和运动的旋律。

图13 第130窟南壁都督夫人礼佛图（段文杰复原）

图14 第209窟窟顶藻井（摹本）

图15 第217窟西壁龛内项光

图16 第444窟西壁龛内项光（摹本）

　　盛唐时期，藻井的风格发生了变化，从生动活泼、爽朗明快，转为庄重严整、浓艳富丽。第320窟的藻井，是开元、天宝年间的代表作，井心画团花，层层边饰疏密有致，严整而又有变化，色调热烈、艳丽，显示了辉煌灿烂的盛唐风格。

　　唐代前期的项光已变成精雕细镂的圆盘形装饰，纹样多变化，也体现出唐代装饰艺术的成就（图15）。第188窟的一个项光，中央绘白莲，周围环绕石榴卷草，枝叶卷曲，如激流中的旋涡，回转起伏，富有音乐的节奏。盛唐第444窟的一个项光（图16），由莲花、葡萄、石榴、荷叶、蓓蕾、藤蔓等多种植物形象组成图案，石榴中出莲蕾，莲叶里生葡萄，藤蔓环环相扣、交织如网，结构繁而不乱，构思巧妙，变幻无穷。

　　装饰图案中最绚丽豪华的莫过于服装纹饰。不论是塑像或壁画，罗汉的山水衲、百褶锦裙，菩萨的僧祇支、绣花罗裙，供养人衫裙帔帛上的织绣缬染花纹，华美的纹样如石榴卷草、团花、棋格、折枝花卉和孔雀羽随处可见，特别是那些缕金锦纹，金光闪闪，富丽堂皇。

　　莫高窟唐代服饰花纹很多来自绫锦，与近年来吐鲁番出土的唐代丝绸花纹相似。可见敦煌石窟的装饰艺术已进一步接近现实生活。与此同时，装饰意匠减少了宗教的神秘感，愈益富有个性化的特点。

四

　　唐代的文化艺术，不论是诗歌、散文、音乐、舞蹈、绘画、书法，都取得了极其伟大的成就。敦煌莫高窟的唐代艺术，是这个整体的一个组成部分。

　　如前面所说，由于政府的扶植，佛教得到发展，上自首都长安，下至穷乡僻壤，无不寺院林立。造型艺术的主要形式，塑像和壁画，也多出现在寺院。许许多多的无名匠师是那些宗教艺术品的创作者。与此同时，以吴道子为代表的画家和以杨惠之为代表的雕塑家也以寺院作为他们发挥才能的重要场所。寺院、石窟里的壁画和塑像，不仅是宗教的宣传品，同时也是艺术的展览品。著名的艺术家和无名的匠师各以自己的艺术实践争奇斗妍，互相促进，将唐代佛教艺术的发展推向了高峰。

自隋代统一中国以后，中原文化对敦煌石窟的影响与日俱增。唐代建国后，僧侣、商贾和使者的往还更加频繁，中原寺院的壁画样稿不断传到敦煌。藏经洞（第17窟）曾出大批经变画的粉本，如弥勒下生经变、劳度叉斗圣变等，虽然逸笔草草，但人物状貌和故事情节都已毕具，画工即以此作为创作的依据或参考。另外，这一时期敦煌经变画中，有水上的亭台楼阁，有热带植物芭蕉、棕榈，还有各式各样的船只以及南方衣冠的船工形象，这些都足以证明南北统一以后，中原文化所产生的巨大影响。

此外，随着中外友好往来和文化交流的扩大，吸收外国优秀文化成果也成为唐代文化艺术发展的一个不容忽视的因素。贞观年间，玄奘从印度带回大量经像；王玄策四次出使印度，携回图本；著名画家尉迟乙僧等来自西域，"画外国及菩萨"[17]声誉很高。唐代前期的敦煌艺术直接或间接地受到了中印度笈多王朝艺术的影响，其表现在菩萨像的装束、姿态以及表现形体凹凸的晕染方法上均可看出。

然而借鉴和影响不能代替创造，千佛洞的艺术之花毕竟是生长在敦煌的沃土上。在这里，起决定作用的是敦煌这个丝路重镇上无比丰富的生活的源泉，是敦煌艺术自身的深厚传统和艺术家的辛勤劳动。敦煌艺术，既是整个唐代文艺的组成部分，却又具有自己鲜明的个性，取得了独特的成就。以下就五个方面试作论述。

一、造型

敦煌艺术早期的人物形象，较多夸张和想象的成分。经过隋代近四十年的探索，唐代的雕塑和画像均趋于写实，并以比例适度、面相丰腴、体态健美、庄严沉静为造型风格特点。宋代人董逌谈到唐代绘画时说："人物丰浓，肌胜於骨，……此固唐世所尚，尝见诸说太真妃丰肌秀骨，今见於画亦肌胜于骨，昔韩公言曲眉丰颊，便知唐人所尚以丰肥为美"[18]，所述十分真切。这种形象（有人称之为"胖胖型"）出之于现实生活，代表了宫廷贵族和上层社会的审美观，至盛唐乃蔚然成风；不仅敦煌石窟，而且所有出土的或传世的唐代艺术品中，人物形象莫不如此。

敦煌艺术造型上的另一个特点是菩萨形象的世俗化和女性化。第205窟的游戏坐观音、第45窟侍立的菩萨和第217窟壁画中的菩萨，都是丰腴健美、意态温婉、俨若妇人；而且头束唐人的高髻，佩戴宫嫔的钏饰，着贵妇人的透体罗裙和锦帔，"慈眼视物，无可畏之色"[19]。所以道诚说："造像梵相，宋齐间皆唇厚鼻隆目长颐丰，挺然丈夫之相。自唐来笔工皆端严柔弱似妓女之貌，故今人夸宫娃如菩萨也"[20]。韩幹在宝应寺所画释梵天女，"悉齐公妓小小等写真也"[21]。可见唐代佛教人物形象，已普遍采用世俗生活中的人物作为蓝本。关于这一点，宋人郭若虚说："今之画者，但贵其姱丽之容，是取悦于众目，不达画之理趣也"[22]。话虽含贬意，却也说明，菩萨像的女性化为群众所喜闻乐见，因而得到广泛的支持。

二、构图

[17] 《历代名画记》卷九。

[18] 宋·董逌《广川画跋》书伯时藏周昉画，见《中国画论类编》第四编，中国古典艺术出版社1957年版。

[19] 元·释圆至《牧潜集》卷四《赠塑者张生序》，《武林往哲遗著》第七十六册刊。

[20] 宋·释道诚《释氏要览》卷中（《大正藏》卷54，p. 288）。

[21] 唐·段成式《寺塔记》（《大正藏》卷51，p. 1023）。

[22] 宋·郭若虚《图画见闻志》卷一《叙论·论妇人形相》。

这里主要谈的是经变画。唐代前期巨型经变的构图形式，是艺术家惨淡经营、出新意于法度之中而创造出来的；维摩诘经变从小到大，由简至繁；观无量寿经变从单独的未生怨、十六观、九品往生，逐步形成完整统一的巨型结构；法华经变从一品到多品，甚至遍布一窟，形式慢慢地固定下来。构图形式大体有下列几种：

1. 图中央画佛及圣众，四周穿插各种故事情节，形如众星捧月，浑然一体。阿弥陀经变和弥勒下生经变多采用这种构图形式（图17）。

2. 分作左、中、右三栏；中间为表现佛国世界的大幅画面，两条竖行故事画分列两边，主次分明而又有统一的装饰效果（图18）。观无量寿经变就常是这样的形式，两侧故事画分别为未生怨和十六观。又如东方药师变，两侧为十二大愿和九横死；观音经变，两侧为八难和三十三现身。

3. 上部居中画佛国世界；左右和下部穿插各品故事，以"凹"字形环绕着画面的主体。例如法华经变和观无量寿经变。法华经变上部以序品为主体，左右画化城喻品和法师品，其余情节画在下部。观无量寿经变主体为西方净土，两侧为未生怨、十六观，下部画九品往生（图19）。

4. 这是上一种的变体，主体画面而外，凹字形的左、右、下三面都划成方格，每格填绘一个情节，与现代的连环画形式十分接近（图20）。这种形式为观无量寿经变所独有，内容布局如同上述，实例见于盛唐第171窟内。

5. 维摩诘经变和劳度叉斗圣变的特殊构图形式，画面的左部和右部各成主体，表现对立双方（文殊师利和维摩诘，舍利弗和劳度叉）的斗争（图21）；围绕着两个主体人物，交织着各种神变形象。这种构图自有其生动活泼、引人入胜之处。

6. 唐初的涅槃变画面，呈长方形横幅，情节自左至右，又自右至左，自由布局，突破了早期涅槃变的结构形式，显得生动活泼。

以上所有的构图形式，都以突出的地位表现佛国世界，但在基本相同的结构形式中，意境的表现各不相同。初唐净土变，多于宝池中起平台，菩萨群像及乐舞场面均在平台上展开，下部碧波荡漾，上部一片晴空，意境开朗而豪放。盛唐开始，极乐世界里布满了豪华严整的宫殿楼阁，圣众、舞乐俱在楼台亭榭之中，充满了宫廷生活气氛。净土的宫廷化，体现着神灵生活的世俗化。

盛唐时期经变画的形式发展成熟，构图上的特点主要是满。各铺经变都是内容丰富、人物众多，经文所述主要场景几乎包罗已尽，这样的经变画遍布四壁以至全窟，颇给人以满目缤纷、目不暇接之感，但由于构图上的均衡与稳定，却又显得井然有序，并不使人眼花缭乱。画上的人物和场景布局与配置，已不是早期简单平列的形式，而是主、次、疏、密、聚、散，变化自如，条理清晰，节奏分明。多彩多姿的佛国世界图景使观者感觉身临其境。同时，这样的构图还具有强烈的装饰意味。

构图中的透视画法也很值得重视。除一般采用的散点透视外，已经使用了鸟瞰与焦点透视相结合的办法，画面上初次出现了视平线，创造了"远岫与云容交接，遥天共水色交光"[23]的辽阔的境界。例如第217窟的溪山行旅，又如第323窟的康僧会扬帆入建康和高悝桥浦得金像等图中，作为人物故事背景的山水画，山峦起伏、水波浩渺，"咫尺之图，写千里之景"[24]，中国传统山水画的"三远法"已在创作实践中逐渐形成。

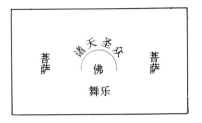

图17　唐代经变画构图形式之一

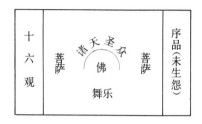

图18　唐代经变画构图形式之二

图19　唐代经变画构图形式之三

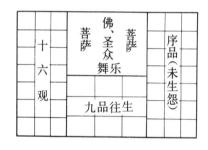

图20　唐代经变画构图形式之四

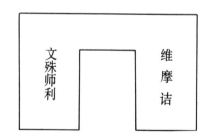

图21　唐代经变画构图形式之五

㉓　（传）王维《山水诀》，见《中国画论类编》第五编。

㉔　同㉓。

173

此外，经变画中建筑界画的透视技法亦有很高的造诣。

三、线描

敦煌早期壁画用线主要是铁线描。隋代在继续运用铁线描的同时，逐渐产生了自由奔放的兰叶描。兰叶描至唐代大盛，吴道子便是使用这种线描的杰出人物。敦煌壁画盛唐第45窟南壁的观音变，即是兰叶描的典型作品。

唐代壁画的线描，分起稿线、定形线、提神线、装饰线等，各属于作画的不同步骤。起稿线墨色淡黑，用来勾出完整的形象，例如第201窟的白描菩萨像，其实就是未曾上色的画稿。赋彩以后，用深黑线定形。然后，有的还要在人物面部描一次朱红线，以示金檀色感；又在衣裙、飘带转折处描上流畅的白粉线，以突出舒展飘扬的动势，叫做提神线。人们可以在第220、217等窟壁画中，看到用线造型的全部过程。

唐代画师已经注意到主线与辅线的关系。人物面部及形体的轮廓线为主线，粗而着实。衣纹鬓发等则是辅线，较细而虚。由于主辅结合、虚实相生、轻重适宜，遂使形象结实而有立体感。第220窟北壁的神将、第217窟龛内的佛弟子像，不仅由粗壮劲挺的轮廓线刻画了生动的面容，而且还表现出了隐藏在衣服下面的躯体。"骨法用笔"在唐代又有了新的发展。

敦煌的唐代画师善于掌握毛笔的性能，深得用笔三昧，落笔稳、压力大、速度快。顾恺之曾说："轻物宜利其笔"[25]。从第220窟胡旋舞人与第321窟飞天的飘带，可看出运笔的迅疾，恰如苏轼咏吴道子作画诗中所说："当其下手风雨快，笔所未到气已吞"[26]。正是这种高难度的技巧和磅礴的气势，赋予作品以强大的生命力，造成满壁风动的艺术效果。

然而唐人作画行笔亦非一味地快。在描绘凝重的形象，如人物面部轮廓、肢体关节，运笔则比较舒徐缓慢，如同顾恺之所谓："重宜陈其迹"[27]。总之，唐代画师能随形质所需，描绘对象的不同情状，在用笔上，轻重疾徐、抑扬顿挫，像一支成功的乐曲，节奏和旋律配合得恰到好处。

四、赋彩

唐代壁画色彩丰富，除各种色相分别具有许多不同色度而外，又有许多调和色。所用颜料有石青、石绿、朱砂、银朱、朱磦、赭石、土红、石黄、藤黄、靛青、蛤粉、白土、金箔、墨等十数种。特别是由于赋彩、渲染技巧发展到了高度纯熟的境地，使唐代前期成为敦煌莫高窟最为富丽、绚烂的时期。今天，在唐初的第322窟、贞观十六年的第220窟和神龙年间的第217窟等，可以看到保存大体完好的当时色彩的原貌。

唐代壁画与早期壁画情趣不同，画面写实。其装饰效果的取得，主要是通过色彩的巧妙配置；其不同发展阶段的风貌，呈现着明显的差异。唐代画师在地色运用上颇费匠心，有的以土红色涂地，赋彩浓重淳厚，含有前代的余韵；有的以土壁为地，色调温柔谐和，系初唐新风；有的发展了前代以粉壁为地的画法，色彩鲜艳明快，已大体上是盛唐的格调。一幅壁画或整个窟室的色彩效果，很大程度上取决于地色。

唐代赋彩的特点还表现在叠晕和渲染（晕染）。所谓叠晕，是以同一色相的不同色度层层叠晕，色阶分明而又有立体感。盛唐时，仅一瓣莲花就叠晕多达十六到二十层，因而使色彩格外丰富、厚重，光耀炫目。渲染多用于表现人物的立体感。早期来自西域与中原的两种染色法，经过隋代的融合、发展，再经过唐代初年的创新，形成了多种新的晕染方

㉕ 顾恺之《魏晋胜流画赞》，《历代名画记》卷五。

㉖ 《苏东坡集》卷一《凤翔八观·王维吴道子画》（商务印书馆1958年版）。

㉗ 同㉕。

式：一种是中原传统晕染法在唐代的新形式，即在颊上染一团红色。如敦煌曲子词中所谓的红脸、莲脸、桃花妆、朝霞妆，其例可见于莫高窟第 57、322 等窟菩萨形象。另一种是在粉地上以淡色微微渲染，莹润洁白、素面如玉。例如第 45、217 等窟的菩萨形象。还有一种经过改革的西域式晕染法，如第 321、220 等窟的佛、菩萨形象，鼻梁上有一条表现高光的白线，保存着来自印度的某些影响。

佛、菩萨像之外，天王、力士、罗汉等形象，筋骨突兀、肌肉起伏，都有很强的立体感。其中第 220 窟的神将及力士、第 217 窟的罗汉，尤其突出，亦是熟练运用色彩渲染技巧所取得的成就。

五、传神

唐代前期，敦煌莫高窟的天才匠师们，凭藉上述线描和赋彩等卓有效能的手段，塑造和刻画了大量具有生命力的艺术形象。首先，匠师们在当时艺术表现程式化和人物性格类型化的基础上，大胆突破和创新，注意表现人物的个性，并往往在人物的行住坐卧和言谈举止中揭示其内心活动。第 71 窟壁画净土变中的一身思惟菩萨，俯首支颐，眼视空茫，凝神默想，内心的澄静和外表的宁谧统一于美好的形象之中。第 321 窟画在龛顶的赴会菩萨，像一群欢快的少女，来到天宫楼台上，凭栏眺望、俯瞰，身姿绰约、顾盼有情，其心理状态的表现各有不同。第 45 窟开元年间的菩萨塑像，姿态婀娜、丰润健美，眉目间似笑非笑，表情含蓄，耐人寻味。第 194 窟的彩塑菩萨，亭亭玉立，微妙而自然的动态，有助于面部庄静温婉的性格表现。同窟的彩塑天王，北方天王握拳怒目，面对邪魔露出满腔义愤；南方天王则满脸笑意，表现出纠纠武夫的豪爽性格。

唐代壁画还特别注意到了人物之间的关系，使他们互相烘托、彼此呼应，整个画面成为一个有机的统一体。第 130 窟甬道南壁都督夫人礼佛图中，侍婢们较为活跃的姿态和各不相同的表情，对比都督夫人的肃穆、虔诚和"一心供养"，突出了主题。第 220 窟维摩诘经变中的帝王问疾场面是群像的杰作（图22），帝王戴冕旒、着深衣、饰十二章，双臂

图22　第220窟东壁维摩诘经变中帝王群臣

图23　阎立本画历代帝王图中晋武帝司马炎

张开，昂首阔步。前行一大臣，鹰鼻吊眼，显出老谋深算的样子。身后簇拥着的侍臣，有的落落大方、有的小心翼翼。各族首领拱手而立，淳朴而憨厚。当时的大画家阎立本画有名的《历代帝王图》晚于第220窟约三十年，形式上与这幅石窟壁画有相似处（图23），但在场面宏伟及人物形象的活泼自然方面，却逊于壁画。

传神是造型艺术的高标准。从宗教教义出发，通过想象、理想化和精湛的艺术处理，把人间的生动形象加工成天国的神。描绘天国形象的成功，来源于匠师对人间生活的广泛而深入的观察和理解。国家的统一、一个半世纪来的相对安定和社会经济的长足发展，为来自民间的艺术匠师展开了空前广阔的生活图景，启迪着他们的灵感。通过宗教对天国欢乐的狂热追求，激发着他们的创作激情。这个时期，有条件融汇国内各民族的艺术成果，并有选择地吸取外来的营养，东西南北，博采众长，形成了统一的中国风格和中国气派。与此同时，诗歌、散文、音乐、舞蹈和美术携手并进，登上了中国封建社会历史上的文学艺术高峰。敦煌莫高窟的唐代前期艺术，在现存492个洞窟中居有最突出的地位，数量多，艺术水平高。它的影响，在新疆的库木吐喇等石窟里相当明显。在佛教空前兴盛的唐代，中国的佛教艺术影响及於四邻；西逾葱岭，影响到西亚和印度；又东渡大海，与日本的佛教艺术结下了不解之缘。其中，敦煌艺术家的贡献，具有不灭的光辉。

敦煌壁画中的法华经变初探

施萍婷　贺世哲

　　敦煌莫高窟中的大量佛经故事壁画，如以题材分，明显地呈现出两个不同时期。以隋代统一全国为分界，隋以前这类壁画主要以佛本生故事、因缘故事和佛传故事为题材，隋代开始出现一些经变画，而发展到唐代，各种大幅经变成为全部壁画的主体。因此，需要对一些重要的经变题材加以探讨和研究。法华经变是敦煌壁画中出现较早的经变画之一。据初步调查，隋代的第276、303、419、420窟，初唐的第68、202、331、332、335、340、341窟，盛唐的第217、23、31、103窟，中唐的第154、159、231、237、361、472窟，晚唐的第12、14、85、94（被西夏壁画覆盖）、138、144、156、196、232、459、468窟，五代的第4、6、61、98、108、146、261窟，宋代的第55、76、431（前室）、449、454窟等，共约44个洞窟中都有法华经变的壁画；画面题材涉及《妙法莲华经》全部二十八品中的二十四品，即《序品》、《方便品》、《譬喻品》、《信解品》、《药草喻品》、《授记品》、《化城喻品》、《五百弟子受记品》、《授学无学人记品》、《见宝塔品》、《提婆达多品》、《劝持品》、《安乐行品》、《从地踊出品》、《如来寿量品》、《随喜功德品》、《常不轻菩萨品》、《如来神力品》、《嘱累品》、《药王菩萨本事品》、《妙音菩萨品》、《观世音菩萨普门品》、《陀罗尼品》、《妙庄严王本事品》等，相当全面地宣传了《法华经》的主要思想。本文即就法华经变的出现，及其在各个历史时期的发展和艺术特点，作一些初步的探讨，并就莫高窟今天所见法华经变的各品画面加以简略的诠释。

一　法华信仰及法华经变的出现

　　《法华经》是大乘佛教的重要经典之一。相传《法华经》最早的汉译本是三国时期名僧支谦的《佛以三车唤经》[①]。这部译经现已不存，从译经所取经名看，它只是一个选译本，大概主要选择了《法华经》卷二中的《譬喻品》。支谦译经的时间是孙吴黄武元年至建兴中，即公元222年至252年之间[②]。现存《法华经》汉译本共有三种：一是西晋太康七年（公元286年），敦煌名僧竺法护和聂承远等人合译的《正法华经》十卷二十七品；一是姚秦弘始八年（公元406年），名僧鸠摩罗什译的《妙法莲华经》七卷二十八品；一是隋阇那崛多和笈多合译的《添品妙法莲华经》七卷二十七品。唐释道宣在《妙法莲华经弘传序》中说："三经重沓，文旨互陈，时所宗尚，皆弘秦本"[③]。这说明在三种汉译本中，鸠摩罗什的译本流行最广，影响最大。现存敦煌壁画中的法华经变亦多依罗什译本即可为证。

　　《法华经》在大乘佛教所推崇的经典中是一部篇幅比较小的经典（其余如《大般若经》多达六百卷，《华严经》也有八十卷之多）。但就《法华经》的内容来讲，却有相当的重要性。鸠摩罗什的门徒僧睿在《法华经后序》中说："《法华经》者，诸佛之秘藏，众经之实体也。"又说："寻其幽旨，恢廓宏遂，所该甚远，岂徒说实旧本，毕定殊涂而已耶？乃实大

① 费长房《历代三宝记》卷五（《大正藏》卷49，p.58）。
② 慧皎《高僧传》卷一《康僧会传》（《大正藏》卷50，p.325）。
③ 《大正藏》卷9，p.1。

明觉理，囊括古今"④。这里虽然不无夸张之辞，但也说明了《法华经》传入后为佛教徒所重视的情况。南北朝时期梁代的光宅寺高僧法云，即以讲解《法华经》"独步当时"⑤，而在社会上发生很大的影响。以后，由隋僧智顗创立的中国最早的佛教宗派之一——天台宗，也采用《法华经》作为该宗立宗的理论根据。

智顗创立的天台宗所以要选择《法华经》作为其建宗的经典根据，这是与《法华经》在理论上的某些特点，对于当时佛教发展以及政治变化，都有可以利用之处有关。智顗与隋炀帝杨广有十分密切的关系。他所创立的天台宗，可以说是试图把南北朝以来南北佛教在理论上，学风上的分歧统一起来的一种努力，恰好适应了当时隋王朝建立统一政治统治的需要。南北朝时期，由于南北两地社会政治情况的不同，反映在佛教学说上也表现出很大的区别。简言之，南方偏重义理，北方偏重禅行。随着南北统一的政治局面的出现，佛教南北两派的学说也逐步出现了综合调和的趋势。智顗的老师慧思已提出"定慧双开"的思想⑥，而智顗则更明确地提出："当知此之二法（指定、慧），如车之双轮，鸟之两翼，若偏修习，即堕邪倒"⑦。他们都是有意识地要把禅行和义理两者调和起来。

天台宗自称是"一乘圆教"，意思是它这一宗所宣扬的是佛说最高教义，任何其它佛教学说都应当归服于它。唐道宣在《大唐内典录》卷五中说：智顗"三十余载，盛弘一乘"⑧。这里所谓的"一乘"，即来自《法华经》中的"一佛乘"理论。《法华经》认为，佛所以"出现于世"，是要以佛的"知见"（智慧、见解）来开导"众生"，从而使"众生"获得佛的"知见"，得以成佛。《法华经》宣扬的"一佛乘"理论包含两方面的内容：一是说佛对众生"爱无偏党"，"不宜差别"，而是以平等态度救度众生，使一切众生都能成佛；一是说佛要使众生都得到的是"阿耨多罗三藐三菩提"（意译为"无上正徧知"），亦即达到最高、最平等、最全面的觉悟。因此，《法华经》认为，所谓"声闻乘"、"辟支佛乘"、"佛乘"的三乘理论，只不过是佛根据众生不同情况的"方便"之说，而究其根本，都是要用"阿耨多罗三藐三菩提"来救度众生。此即所谓"一佛乘"也就是天台宗大力鼓吹的"会三归一"（三乘归于一乘）的理论。《法华经》在《方便品》、《譬喻品》等各品中都反复讲述这一理论，并用羊车、鹿车和大白牛车的通俗形象比喻来说明"会三归一"的"一佛乘"理论。这一理论肯定了人人都能达到最高的觉悟，都能成佛，增加了佛教信仰的诱惑力。同时，由于它把"一佛乘"看作是佛说最高教义，其它各种教义最后都将归于它，这就有利于天台宗统一佛教教义的目的。

此外，《法华经》中还通过大量的形象譬喻宣传了许多简易的成佛途径和佛法的无边威力，如《方便品》中讲，只要"闻法布施"、"持戒忍辱"、"人善心软"、"供养舍利"、造塔造像、写经念佛、乃至像儿童游戏"聚沙为佛塔"，都能"成佛道"。又如《观世音菩萨普门品》中说观音菩萨能随时随地变化为不同的身形，以救度众生成佛；只要口诵观世音菩萨的名号，即可消灾免祸，在危难中得到救济。以上种种，在民间信仰者中具有十分广泛和巨大的影响。法华经变正是在这样的基础上产生、发展起来的。

法华信仰在艺术上最初的表现有造寺、造图、造台、造龛、造像等。据唐僧惠祥《弘赞法华传》中记载：北魏道武帝拓跋珪，于天兴元年（公

④ 《大正藏》卷9，p.62。
⑤ 道宣《续高僧传》卷五《法云传》（《大正藏》卷50，p.464）。
⑥ 《续高僧传》卷十七《慧思传》（《大正藏》卷50，p.564）。
⑦ 智顗《修习止观坐禅法要》（《大正藏》卷46，p.462）。
⑧ 《大正藏》卷55，p.284。

元398年）"造耆阇崛山图一所，加以绩饰，莫不严具焉"⑨。又刘宋景平元年（公元423年）瓦官寺沙门帛惠高造灵鹫寺，有沙门释惠豪"于中制灵鹫山图，奇变无方，郁似睹真，其山林禽兽之形，天龙八部之状，历代未有，自兹始出。龛成之后，倾国来观。后世造龛，皆以豪为式。其龛东西深三十八丈，南北四十四丈四尺"⑩。可惜上述实物今皆无存。现存最早实物，为云冈第16、17窟和莫高窟第259窟等北魏早期的一些释迦、多宝并坐像。

根据画史记载，法华经变始见于隋。唐裴孝源撰《贞观公私画史》中说，隋代画家展子虔有"法华变相一卷"。张彦远《历代名画记》卷八中也说展子虔画有"法华变"。至于隋以后，有关法华经变的记载已屡见不鲜。敦煌壁画中的法华经变也始见于隋，至唐最盛，五代、宋渐趋衰微，元代则完全绝迹。

二　隋至盛唐的法华经变

自隋至盛唐，是法华经变发生、发展而达于鼎盛的时期。

隋代的法华经变属于草创阶段，各方面都显得很不成熟。首先是内容上品数不多，大约只有《序品》、《方便品》、《譬喻品》、《见宝塔品》和《观世音菩萨普门品》等五品。各品之间的布局缺乏统一安排。其次是画面表现的故事性不强。如《见宝塔品》只画释迦，多宝并坐像。第420窟南顶的《譬喻品》虽然占了整整一壁，但也只画了火宅、三车、野兽而已，远不如唐代《譬喻品》壁画那样完整。其中表现得比较好的是《观世音菩萨普门品》。例如第420窟窟顶东披的《普门品》。经文说："若有女人设欲求男，礼拜供养观世音菩萨，便生福德智慧之男，设欲求女，便生端正有相之女"，画面上就画两妇人，一人手携男孩，一人手携女孩，两人都弯腰俯视自己的孩子，徐步向前（图1）。又，经文说："若为大水所漂，称其名号，即得浅处"，画面上就画一河，两人漂浮于水面，观世音菩萨立于岸边，伸手拉落水者脱险。再如，经文说："有一商主将诸商人，赍持重宝经过险路"，画面上就画一大山，山的一边有一商队赶着骆驼运送货物，山腰间有一骆驼坠崖而死，山的另一边，一人牵骆驼一列徐徐下山，整个画面把商队的艰难旅程描绘得很完整。同时，在这一品中，还把观世音菩萨的各种化身，也画得很详细，每种化身都用殿堂或房舍隔开。

隋代壁画法华经变的位置，全部都在窟顶。由于洞窟的形制不同，画面位置分布又有两种：一是画在人字披上，呈横幅，如第419、303两窟；一是画在覆斗形窟顶的四披，各披呈梯形，如第420窟。至于画面的布局，一般分为上、中、下三排，每排自成一横卷，这是承北魏以来佛本生故事和佛传故事画布局的余绪。隋代法华经变的画面表现和布局虽然还不够成熟，但也起了承前启后的作用，其中《观世音菩萨普门品》、《譬喻品》等所采用的表现方法，为以后的法华经变所吸取。

初唐法华经变所表现的品数也还不多，据现存实物看也只有《序品》、《见宝塔品》、《妙音菩萨品》、《从地踊出品》、《提婆达多品》等五品。但它有一个显著的表现特点，即在一铺壁画中把几品不同的内容，通过画面构图把它们联系起来。如第331窟东壁上部的那一铺法华经变，画面分成上、中、下三排，各排自成横卷形式，但三排联系起来仍然是一个整

图1　第420窟窟顶东披观音普门品（部分）

⑨　《大正藏》卷51，p.13。

⑩　同⑨

179

图2 第23窟南壁见宝塔品

体。

画面上排为《见宝塔品》,正中画多宝塔,释迦佛和多宝佛结跏趺坐于其中。左右两边的佛、菩萨是表示释迦分身的十方诸佛,盛唐以后都只画十个,这幅画上却画成十三个,其原因尚待研究。以这种形式表现《见宝塔品》,成了以后各时代绘制此品的基本模式。中排为《序品》,表现"法华会"的盛况。画面以多宝塔为中心,左右两边都是"法华会"的与会者。左边是文殊菩萨(骑狮)及众多菩萨、声闻、比丘、国王、天王等。右边与左边对称,为首者是普贤菩萨(骑象)。下排正中是《妙音菩萨品》,画妙音菩萨于多宝塔前向释迦奉上璎珞,宝塔两边是优婆夷、优婆塞等。靠近南壁的是《从地踊出品》,画几个半身菩萨,双臂上举,表示从地踊出。靠近北壁的是《提婆达多品》,画一碧绿海面,其上有一双层楼阁,表示婆竭罗龙宫从大海自然踊出,菩萨各乘彩云从龙宫飞向多宝塔。

画家以多宝塔和法华会为中心,把五品的内容巧妙地组织成一个完整的构图,充分反映了画家们对经文的融会贯通和在艺术上的巧思。

此外,在初唐的一些洞窟中,还有单独画《见宝塔品》的,位置有的在人字披西披的中间,与中心塔柱相连,如第332窟;有的在佛龛顶上,如第335、340、341窟。

盛唐时期,在封建经济繁荣的基础上,文化艺术也得到了极大的发展。张彦远说:"圣唐至今二百三十年,奇艺者骈罗,耳目相接,开元天宝,其人最多"⑪。盛唐艺术的发展,在佛教艺术上也有充分的表现。

法华经变发展到盛唐时期达到鼎盛,在艺术表现上也有许多特色。在内容上比以前扩大了,据初步调查,计有十五品之多。而且,精湛、新颖的艺术表现把经文中的宗教说教,变成了生气盎然的画意。

例如,第23窟北壁的《药草喻品》。本品的主旨是宣扬平等的佛慧,有如甘露时雨,普润万物。画家根据经文中:"其雨普等,四方俱下,流澍无量,率土充洽,山川险谷,幽邃所生,卉木药草、大小诸树、百谷

⑪ 张彦远《历代名画记》卷一《叙画之兴废》。

180

苗稼、甘蔗蒲萄，雨之所润，无不丰足"的偈言，画出了一幅富有农家生活气息的图画。画面上乌云迷漫，时雨霏霏，农夫正在田里挥鞭策牛，辛勤耕作。另外，田头上坐着农夫、农妇及小儿，父子捧碗吃饭，农妇关切地注视着他们。这一田头小景，富于诗意，很象《诗经·豳风·七月》中所描写的"同我妇子，馌彼南亩"的情景，给画面增添了不少生趣。在这幅画的下面，画家又根据《方便品》中："若使人作乐，击鼓吹角贝"，"乃至童子戏，聚沙为佛塔"等偈言，画了一人跪于佛塔前，一人翩翩起舞，六人各执乐器席地而坐为舞者伴奏，一旁有几个胖娃娃，正在津津有味地聚沙成塔。把这上下两幅画联系起来，很像一幅从辛勤耕作到欢庆丰收的连环画。

图3　第217窟南壁化城喻品

又如，第217窟南壁的《化城喻品》(图3)。本品的主旨是宣扬只有《法华经》所主张的"一佛乘"才是成佛的唯一途径。所以经文说："世间无有二乘而得灭度，唯一佛乘得灭度耳"。但是，要获得"阿耨多罗三貌三菩提"是要经过十分艰苦的道路的，世人怕此艰苦，往往中途即生退缩之心，于是佛以"方便说法"，用声闻、辟支等乘暂时引导众生，而最终要使众生到达"一佛乘"。为了通俗地宣传这一理论，经中讲了一个"化城"的故事。大意是说，一群人去远处求宝，要经过"五百由旬"⑫的"险难恶道、旷绝无人怖畏之处"。大约走过"三百由旬"的路程后，众人"疲极而复怖畏"，于是产生"退还"的念头。这时，有一"强识有智慧"的"导师"，以方便法化出一城，其中楼台亭阁、园林流水毕具，让众人休息。众人既入城，又"皆生安稳想，自谓已得度"，不想再前进了。于是"导师"又把城化去，并且告诉大家，这只是暂时休息之处，不能就此满足，而应当继续"勤精进"而"共至宝所"。本品经变画即取此故事。如果机械地按照经文所述故事来构图，画面上就会把旅途渲染得十分荒凉阴森，步履艰难。可是在第217窟这幅经变画中，画家却以大胆的创新精神、丰富的想像力和高超的绘事手法，创作了一幅明朗开阔的山水人物画。画面上蜿蜒曲折的河流，回绕着重叠耸峙的山峦。山峦之间的盆地上画了一座西域城，行人有的乘骑缓行，有的歇马休息，有的策马向城。这里行人的不同形象是表示着上述经文故事中的不同情节的，如乘骑缓行者表示取宝的人们正朝着目的地进发；歇马休息者表示人们中途畏难欲退；策马投奔者表示智慧的导师指出化城后，人们欣然向往，等等。在此之前，经变画上表示不同情节的场面，都是以山或树为隔界，区别出不同的空间。但在这幅壁画中却把不同情节的场面融合为一个整体，在同一画面空间中把它们表现出来；而画面的主体，则是有完整布局的山水风景。中国的山水画，先有顾恺之、宗炳、王微，到了唐代，在吴道子、李思训、卢鸿、郑虔、王维等许多画家努力探索下，形成了独立的画种，取得了可喜的成就。在当时的原作已几乎不可复见的今天，读此画如睹当年，它的艺术价值是十分珍贵的。

在这幅画的左下方，画家又根据《提婆达多品》中关于佛说他在过去数世中常做国王，但为了求得《法华经》，他"捐舍国位，委政太子，击鼓宣令，四方求法"的故事，作了一幅画。画面上一座大城，城墙高耸，城楼巍峨。城内，国王身着王服，头戴冕旒，重臣陪侍，前立四人，躬身禀报。城外，停着一匹骏马，一位侍者正在躬请几位客人进城为王说法。把这幅画与上面那幅《化城喻品》联系起来，上幅好像表示取宝人的旅途情景，下幅则好像取宝人到达了目的地。因此，难怪过去有人

⑫　由旬，即逾缮那，长度计量单位，相当于古代帝王一日行军的里程，约三十里或四十里。见《大唐西域记》卷二（《大正藏》卷51，p. 875）。

图4 第217窟南壁药王菩萨本事品
（史苇湘临摹）

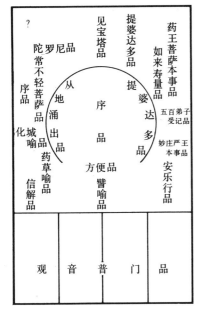

图5 第231窟南壁法华经变各品位
置示意图

图6 第231窟南壁下部观音普门品

把它当成是同属于《化城喻品》的了。

此外，第217窟南壁下方的《药王菩萨本事品》（图4），也画得十分生动。画家只选择了经文中"如子得母"，"如病得医"两句作画。画面画了一位贵妇人坐在室内，旁边有一妇人，抱着一个娃娃，表示"如子得母"；室外阶下，画一侍女正引着一位手拄拐杖的医生往里走，后面还跟着一个手捧医具的青年女子，表示"如病得医"。这样的画幅充满了浓厚的世间气息。

盛唐佛教艺术中表现出来的明朗和谐，是和唐代建立以来较长时期的统一稳定局面有关的。南北朝时期着意渲染人生的种种苦痛、残忍、凄惨的画面，已经代之以对佛国净土世界稳定、幸福的理想生活的描绘。

三 中唐以后的法华经变

自中唐以后，经五代至宋，是法华经变继续发展，逐步走向衰落以至消失的时期。

中唐至唐末，法华经变壁画的数量大大超过盛唐，题材内容也增加到二十品，但在艺术表现上，却渐渐失去了盛唐时期那种生气勃勃、不拘一格的创造性，而走向格式化。发生这种变化的原因很复杂，诸如安史之乱后李唐王朝的削弱、禅宗兴起后佛教内部的变化，以及山水花鸟画的兴起和佛道人物画艺术的衰退等等。若就敦煌地区具体历史条件看，也可能与敦煌为吐蕃所统辖，与中原的文化交流一度受到阻塞有一定的关系。

中唐至唐末的法华经变，经初步调查，大致有下列三种表现形式：

第一种：以《序品》的"法华会"为中心，四周配列各品成一长方条形。第138、144、154、196、472等窟均属这一形式。

第二种：分为上下两部，上部同第一种形式，下部则为屏风式的四条幅，画《观世音菩萨普门品》。第159、231、237等窟（中唐）和第12、232（晚唐）等窟均属这一形式（图5、6）。

第三种：也以"法华会"为中心，四周配列各品。所不同者，前二种类型多半画在洞窟南壁，而这一类型则都画在呈覆斗形的窟顶南披。就画在覆斗形窟顶而言，它与隋代法华经变有相类之处，但就内容和各品的配列来讲，则又都比隋代的复杂得多。第85、156（晚唐）等窟均属这一形式（图7）。

图7 第85窟窟顶南披法华经变

这一时期法华经变的共同特点是各品都有了大体固定的部位。其中，除居于中心部位的《序品》（"法华会"）外，比较突出的有《见宝塔品》、《譬喻品》、《信解品》、《安乐行品》等，其余各品则都比较简单，位置也不甚显眼。与盛唐时期相比，这时的画家能将十余品的内容主次分明地组织在一个画面里，应该说是一种进步。但是，这种表现方法也预示着面临下坡路。画家们为了要把繁多的内容适当地充填入一个有限的框框内，又不能随意取舍，这样就不得不设计一套固定的格式。艺术不同于工程图表，固定的格式对艺术家的创作才能往往是一种极有害的束缚。因此，中晚唐的法华经变逐渐失去了艺术上的活力。

例如，这一时期的《譬喻品》几乎千篇一律，位于法华会的下方，画一大宅院，四面起火，野兽乱窜，几个小孩在院内游戏，院门外停放三车。这几乎成了法华经变的标志。人们进入洞窟只要一看到火宅、三车的形象就知道是法华经变。又如《化城喻品》，不仅画面大大缩小，而且内容极为简单。一般都是先画三人翻山越岭，继而疲极卧地，再则画一导师手指化城。《药草喻品》也失去了农家生活气息，原来象征着甘露时雨的密布乌云，现在只画上一朵云头，上面站着播鼓的雷神。这样单调，呆板的画面，只是机械地图示经文而已。

这一时期比较有生气的是《安乐行品》。本品经变画始见于中唐，盛行于晚唐。此品主旨是说，《法华经》乃"诸佛如来秘密之藏，于诸经中最在其上"，它"能令众生至一切智"，它是佛最后赐与诸佛、菩萨和众生的最高深的经典，因此要爱护它，宣传它。为了通俗地说明这一道理，经中讲了一个故事以为譬喻，这就是著名的"髻珠喻"。大意是说，强力转轮圣王想要降伏诸国，而诸国君主不顺从，于是转轮王起兵讨伐。他对战争中有功者，随功赏赐，有的赐与田宅城邑，有的赐与衣服珍宝、车乘奴婢，只有头上髻中的一颗明珠没有赐与人。这是因为髻珠只有这么一颗，十分珍贵，如果赐与别人，王的眷属们"必大惊怪"。但是，最后转轮王见诸兵众中有大功者，心甚欢喜，终于将这明珠赐与。经文说，如来也是这样，当他看到"圣贤军与五阴魔、烦恼魔、死魔共战有大功

图8 第12窟南壁安乐行品（冯仲年临摹）

图9 第61窟南壁法华经变各品位置示意图

勋，灭三毒、出三界、破魔网"，因而也"大欢喜"，于是把《法华经》宣示给众生。总之，"此《法华经》是诸如来第一之说，于诸说中最为甚深。末后赐与，如彼强力之王久护明珠，今乃与之"。经变画作者根据"髻珠喻"之意，画成了一幅鏖战图。第12窟南壁法华经变右下角的《安乐行品》堪称杰作（图8），画面上小国处于兵临城下之际，国王召集群臣正在商议抵御之策。两军隔河对垒，旌旗蔽日，战马奔腾，受伤的马匹和兵卒挣扎于急流之中。对面转轮王端坐殿上，阶下文臣武将躬身面王，正在领受各种赏赐。通过这幅画可以形象地了解一些当时的战争场面。晚唐以后，以战争场面表现《安乐行品》成为定式。

五代，宋时期的法华经变数量很多，内容上也增加了一些新的经品，但画面都非常简单。如《劝持品》只画了一个菩萨，《妙音菩萨品》也是如此。隋代和唐代曾占据大幅画面的《观世音菩萨普门品》，在这一时期常只占很小的位置。这一时期的法华经变还有追求在一幅画中比过去更全面地表现法华经意的倾向，因此往往在一个画面上包括了更多品数的内容，例如第61窟的一幅即多达二十品（图9），各品的画面当然就十分简单，若不借助榜题，则多难以辨识。

在表现形式方面，上述中晚唐时期的第一种形式仍在沿用。如第4、6、61、98、108、261、146窟（五代）和第449窟及第431窟前室（宋）等，均属这一类型。上述中晚唐时期第二、三两种形式已消失不见。出现了两种新的形式。一种是将唐代只画在主体画下部的屏风式四条屏，扩大为整铺经变均作屏风的形式。如第76窟的一幅，整个分为八扇，每扇自成一卷，每卷都有总榜题，作为该卷说明；又每卷都有法华会，均占据画面的主要部位，其它各品故事则画在旁边（图10）。另一种形式是，虽也以"法华会"为中心，但两边又各有自成组群的圣众，有点近似弥勒经变里的"弥勒三会"，如第55、454窟（宋，见图11）。这种形式比以上两种表现的品数少。这可能是因为"法华会"两旁的圣众和上方的《见宝塔品》占去了大量的画面，以致无法再容纳更多的其它内容。

宋代以后，法华经变即已不再见到。

图10 第76窟南壁法华经变各品位置示意图

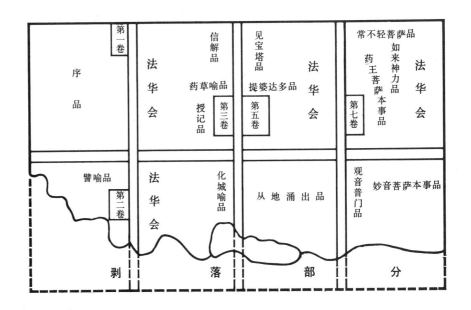

图11 第55窟窟顶南披法华经变

四 各品画面简释

在对法华经变的发展演变过程作了上述初步探讨之后，再将莫高窟
所见法华经变全部二十四品的画面内容顺次简释如下，以供读者参考。

1.序品⑬

《序品》为法华经变之首，从唐到宋，通常都位于画幅的正中，表
现法华会的盛况（图12），场面最大，人物最多，形象刻划一般比较严谨、
细腻。表现方法大同小异，正中画佛在灵鹫山说法，结跏趺坐，放眉间
白毫相光，相光照射上方的东方万八千世界。中唐以后，万八千世界的
位置上改画《见宝塔品》。灵鹫山（耆阇崛山）除隋代第420窟窟顶北披
作为前景画成一座鹫鸟形状的山之外，一般都以佛身后背景山峦重叠来
表现。佛的左右及下方画文殊、普贤并众多菩萨、声闻、天龙八部及其
眷属、比丘、比丘尼等等。

《序品》除了画法华会，有的还画鹿野苑说法、起塔供养等，其位
置多在法华会的左右下方。中唐以后，又在其它位置上画比丘深修禅定
或经行林中，榜题分别作："有见比丘深山禅定"、"有见比丘经行临（林）
间"等。还有的画比丘以忍辱力，忍受"增上慢人"的恶骂捶打以求佛
道，与《常不轻菩萨品》的类似场面画在一处，这些画面，位置不甚固
定，有些看上去像是为填补空白的随意之作。

2.方便品

《方便品》的绘制，多据经文里以下几方面的内容：一是修"六度"
者已成佛道，二是修十善四谛十二因缘者皆已成佛道，三是供舍利、起
七宝塔、造庙、聚沙为塔皆成佛道，四是造佛像者皆已成佛道，五是敬
心供养佛像者皆已成佛道；总之，都是宣扬"方便"成佛的途径。盛唐
时这一品画得较多，例如第217窟，画一塔，塔内坐佛一尊，偏袒右肩，
塔前有人虔诚跪拜、有人恭敬围绕、有人弹琴奏乐、有人静心念佛、有
人举手或合十瞻仰，画面显得丰富而有生气。这样的画面反映出当时人
们的宗教生活情况。

⑬ 鸠摩罗什译《妙法莲华经》（《大
正藏》卷九，pp. 1～61），以
下所述各品内容均依据此经。

图12　第454窟窟顶南披方便品

图13　第61窟南壁信解品

中晚唐以后，多数只画起塔供养。此外，有的在法华会的下方画小涅槃像。第237窟南壁小涅槃像旁有榜题："我所得智慧，微妙最第一，众生诸根钝，著乐痴所盲，我宁不说法，疾入于卌（涅槃）"，与《方便品》经文偈语一致。

宋代除画起塔供养、小涅槃像以外，还有"画佛像者皆成佛道"的场面，如第454窟，画一名画师站在凳子上，正为面前的塑像作最后的修饰（图12）。

3.譬喻品

这是法华经变中最常见的一品，画面皆取材于"火宅喻"，其表现方式自隋至宋大致雷同，主要是火宅、三车、宅内诸子游戏及长者教谕孩童等场面，只有描绘上繁简的差异。

4.信解品

画面皆取材于"穷子喻"。故事说：有人自幼舍父逃逝他国，四方乞食数十年，游至一城。城中其父居家巨富，恨无子息以委付财物。父子相遇，子不识父，见父威势，疾走躲避。后来其父用"方便之法"，以高价雇子喂马除粪，寻机亲近。久而久之，父子相认。长者便将全部家产当众交付与儿子。盛唐时画面处理比较简单，如第23窟，只画一座大院，房中坐一长者，阶下立一人，榜题："父知子……凡我所有□□宅舍人民……"，显与经文："父知子心，渐已广大，欲与财物，即聚亲族，……于此大众，说是我子，……凡我所有，舍宅人民，悉以付之，恣其所用"相合。

从中唐起，《信解品》场面扩大，故事表现较前完整。先画大宅，以示"其父先来，求子不得，中止一城"。宅中大厅上坐一长者，阶下两旁站立数人，以示长者"踞师子床，宝几承足，诸婆罗门、刹利居士皆恭敬围绕，……吏民僮仆，手执白拂，侍立左右"。宅院门外有人躺卧地上，旁有二人扶持救护，表示"于时穷子……惶怖闷绝躄地。……以冷水洒面，令得醒悟"。宅旁，画一马厩，有一人正在打扫；或马厩内一草庐，庐中睡一人；这便是长者用方便之法雇穷子喂马除粪的情景。第61窟中，法华经变左下角绘此品（图13），除以上情节外，还有追还穷子和付给财物等场面。

5.药草喻品

盛唐以前的《药草喻品》已如前述。中唐以后，一般都画云头上有雷神击鼓，下面大雨倾盆，路上行人以袖遮顶；田里有农夫驱牛耕作。有的还画出农舍数间，舍外设篱笆。其位置均在《信解品》上方。

6.授记品

按经文，此品讲的是释迦为迦叶、须菩提、大迦旃延、大目犍连等四弟子授记，在壁画上只能画成佛前跪一至四人，以示授受。可是类似的画面很多，实难确认，现在能肯定的，只有第76窟，图中画一比丘合十面佛而跪，榜题称："迦叶受记名光明如来"。

7.化城喻品

初盛唐的《化城喻品》，除前述第217窟外，画得较好的还有第103窟等，布局与第217窟类似。

中唐以后，除了画化城以外，又有的画了降魔和十六王子请转法轮等场面。

降魔一事，在《法华经》里屡次提到，因而经变中所画降魔不知究竟属于哪一品。这次调查发现第85窟法华经变降魔画面榜题为："破魔军已□得菩提而言……"，显然是由《化城喻品》经文：大通智胜佛"破魔军已，垂得阿耨多罗三藐三菩提，而诸佛法不现在前……"敷演而来的。此画面一般画在法华会左侧的中间或上角，构图与早期降魔变有相似处，但较简略。

十六王子请转法轮，可见于第61窟，在法华会左上方画一佛二菩萨，两边各跪五人，皆宽袍大袖，榜题："十六沙弥请佛入定升座说法师会时"。十六沙弥即以童子出家的十六王子。

8. 五百弟子受记品

此品晚唐以后开始出现，为数甚少。画面取材于"系珠喻"，说的是："有人至亲友家醉酒而卧，是时亲友官事当行，以无价宝珠系其衣里与之而去。其人醉卧都不觉知，起已游行到于他国，为衣食故，勤力求索甚大艰难"。后来再次与亲友相遇，亲友责问他，"何为衣食乃至如是"，我过去将无价宝珠系在你衣里，你竟不知，"甚为痴也。汝今可以此宝珠贸易所须，常可如意无所乏短。"画面位于法华会右侧，画一小房，其中二人席地而坐，中置餐桌；有的则画客人醉倒在亲友面前。榜题多漫漶，只有第231窟可见："尔时亲友为其官事问诤(?)答(?)时"。

9. 授学无学人记品

此品与《授记品》、《五百弟子受记品》在画面形象上容易混同，现能确认为此品的只见于第146窟，位于法华会的左侧，画一佛，佛侧跪一菩萨，佛前左边跪一成人二童子，按经文二童子即阿难与罗睺罗；右边跪二长者，可能是代表"学无学二千人"受记。榜题为："尔时罗睺罗见诸(声)闻皆得受记，亦不平。佛念，皆为授记，当得作佛"。

10. 见宝塔品

此品画面均以多宝塔内并坐二佛为中心。释迦、多宝二佛并坐像，北魏时已盛行，但其作用与坐禅观像有关，与法华经变中的《见宝塔品》有所区别。

从初唐开始，直至宋代，《见宝塔品》在法华经变中占有重要位置，并时常单独出现于门上、龛顶等处。盛唐第23窟南壁的一铺最有代表性，中间画华丽庄严的多宝塔，塔内释迦佛和多宝佛并坐，塔前是升在虚空的法华会与会者。宝塔上部的左右两侧，各有五尊佛，均于菩提双树下结跏趺坐，偕一菩萨乘彩云飞来，近大远小，透视感很强。中唐以后，《见宝塔品》多画在法华会的上方，随着经变画的格式化，画面日趋简单。中唐第31窟例外，用覆斗形窟顶的南、西、北三披来绘制这一品，规模空前。西披正中画多宝塔及十方诸佛。塔前左右画男女供养人各一，立在云头上。塔两边还有曲尺栏杆和菩萨，犹如"西方净土"；菩萨都只露半身，又似"从地踊出"。南、北披相对，分别画文殊、普贤及其眷属，其前都有一对侍女抬香案，人物均立彩云上，朝西披多宝塔方向行进，说明那都是应释迦神力升到虚空的与会者。

11. 提婆达多品

12. 从地踊出品

从中唐开始，围绕着法华会，画了许多乘坐彩云的菩萨，他们好象是由法华会下方的左右往上飞升，最后汇集于法华会上空的多宝塔前。这一内容，据我们调查主要是《提婆达多品》与《从地踊出品》的结合。法华会的右下画有绿色水面，其中一尊菩萨露出半身，有的还有龙宫及

图14　第61窟南壁如来寿量品

鱼、龙等形象。这和上方正在飞升的众多菩萨正是《提婆达多品》所云："文殊师利坐千叶莲花大如车轮，俱来菩萨亦坐宝莲花，从于大海娑竭罗龙宫自然踊出"，至多宝塔前与智积菩萨相见。榜题有的作："文殊师利于婆竭罗龙宫化无量菩萨同时……"。法华会左下画几座山峦之间地面裂开，一尊菩萨露出半身在地上，亦有众多菩萨在其上方飞升。此即《从地踊出品》中，释迦讲述在娑婆世界有他所教化的"六万恒河沙菩萨"，能在他灭度之后广为弘经，"佛说是时，娑婆世界三千大千国土地皆震裂，而于其中有无量千万亿菩萨摩诃萨同时踊出"。榜题有作："六（万）恒河沙菩萨请欲弘经。"

两品的内容，有时也分开来表现，或者增加别的内容。宋代第76窟《提婆达多品》，除上述画面之外，又在经变的右上角画国王将象、马、七珍等诣佛前以求《法华经》，榜题为："以将衣服、象、马、妻子布施求法华经因缘会时"。

13. 劝持品

第61窟法华会左上菩萨飞升行列中一组菩萨，皆双手合十跪拜，榜题为："药王大教（教，应作'乐'）说二万菩萨弘经"，表明所依据的是《劝持品》经文："尔时药王菩萨摩诃萨及大乐说菩萨摩诃萨，与二万菩萨眷属俱，皆于佛前作是誓言：唯愿世尊不以为虑，我等于佛灭后，当奉持、读、诵、说此经典"。此外，按经文如果画侨昙弥、耶输陀罗受记，容易和《授记品》、《五百弟子受记品》雷同；如果画弘经比丘被四众打骂等，则容易和《常不轻菩萨品》相似，都不易辨识，若无榜题，则均无法确知品名。

14. 安乐行品

此品自中唐开始出现，晚唐达于鼎盛，五代相因沿袭，宋代逐渐减少。此品的主要部分哲理性强，很难用形象来表现，因而取材于其中的譬喻故事"髻珠喻"，如前所述，画面着重描绘的是十分激烈的战争场面。

15. 如来寿量品

此品始见于中唐，画面取材于"良医喻"。故事说，良医从他国行医归来，见诸子饮毒，宛转于地。子见父归，急求解救之药。诸子未失心者，服良药后病尽除愈；中毒深重而失心者则拒绝服药。良医只好设方便之法，留下药剂，复至他国。不久使者还告，假说良医已在他国逝世。诸子悲痛而生悔悟，乃知良药色味香美，"即取服之，毒病皆愈。"于是良医回家与诸子团聚。画面位置多在法华会右侧，画面表现一般是：屋门外立着他国归来的良医，面前跪着几个孩童，表示中毒的诸子求父医治；有的孩童伏在地上，表示不愿服药。屋内画良医与孩童共坐，可能是表现良医再次归来与诸子相见（图14）。

16. 随喜功德品

此品大意是，如有人闻《法华经》后"随喜转教"，辗转至第五十人，这第五十人所得功德，比施无量众以一切乐具并令得阿罗汉果凡八十年的大施主还要多得不可譬喻，更何况最初于法华会上闻此经而随喜者。若能劝人听此经，受教诲的，则其福不可量。壁画自盛唐始，第217窟法华会下方画三人手持佛经，分别为他人诵读、讲解。中唐以后表现形式各异，唯依据榜题中"最后闻经五十人"等文辞方能辨识。

17. 常不轻菩萨品

此品讲，过去有佛号"威音王"，灭度之后，有一菩萨比丘见人则礼拜赞叹说:"我不敢轻于汝等,汝等皆当作佛"。四众以为是虚妄、戏弄之言,故经常将其打骂。比丘任人打骂,而高声唱言始终如一,得名号曰"常不轻";其于临终在虚空闻《法华经》而获大神通。画面始见于晚唐,常在法华会左侧,画一比丘跪拜四众,有人抓住比丘打骂,榜题证明所画系"常不轻"。

图15　第76窟南壁如来神力品

18.如来神力品

此品说明如来神力无量无边,但"如来一切所有之法、如来一切自在神力、如来一切秘要之藏、如来一切甚深之事,皆于此经宣示显说"。壁画能肯定的只有在第76窟(图15),图中画一经房,中间摆小案,正中坐一比丘诵经,案旁坐一优婆夷听经;门外二人正在走来,其中一人手指经房。榜题:"以佛灭度后,能持是经者,诸佛皆欢喜,现无量神力",与经文偈语相合。

19.嘱累品

仅见于盛唐,如第23窟东顶,画一佛立莲花上,二菩萨胁侍,佛前又跪一菩萨,佛伸左手抚其头顶。摩顶是嘱累的一种形式,即所谓"摩顶付嘱"。此品开头就说:"尔时释迦牟尼佛从法座起,现大神力,以右手摩无量菩萨摩诃萨顶",摩顶三次,然后开言。摩顶是此品中唯一能用绘画形象表现的内容。此外,《普贤劝发品》中虽也提到"手摩其头",但并非该品主要内容。因而,我们认为上述摩顶画面属《嘱累品》。

20.药王菩萨本事品

此品讲,过去日月净明德佛在世时,有一切众生喜见菩萨,闻佛说《法华经》,乐习精进,为供养日月净明德佛及《法华经》,先现一切色身三昧,继而燃身供养。复投生净德王家,值日月净明德佛般涅槃,一切众生喜见菩萨收取舍利起八万四千塔供养,心犹未足,又燃臂供养。这位菩萨即法华会上的药王菩萨。燃一指供养佛塔已胜于以国城、妻子、宝物供养者。而且一切施舍又"不如受持此《法华经》。《法华经》在"诸经法中最为第一,有能受持是经典者,亦复如是,于一切众生中亦为第一"。《法华经》能救一切众生,令渴乏者如寒者得火、裸者得衣、商人得主、子得母、渡得船、病得医、暗得灯、贫得宝、民得王、贾客得海、炬除暗。

唐代始见此品时,取材多样,形式自由,表现生动,例如前述第217窟如子得母、如病得医的画面。又如第23窟,东壁画有日月净明德佛般涅槃、一切众生喜见菩萨燃身供养、起塔供养、燃臂供养等四个场面,东顶画了如病得医、如子得母、如炬除暗等三个场面。

中唐开始,画面格式趋于固定,位置都在经变的右上角,内容除燃身、燃指、起塔外,还增加了须弥山、大海、日天、月天等,用来象征《法华经》的崇高地位。又有的画出宿王华菩萨向释迦问药王菩萨本事。

21.妙音菩萨品

如前述,此品始见于初唐。中唐以后多画在《从地踊出品》踊出上升的菩萨群中。第231窟画菩萨奉上璎珞,榜题称:"妙音并奉释迦璎珞传问起居"。宋代第76窟从释迦放大人相光、白毫相光画起,画得比较复杂,可惜下部皆漫漶剥落,已无法看清。

22.观世音菩萨普门品

此品自隋迄宋,历代都有,可以说是得到了最充分的表现。最早出现于隋第303窟人字披上的《普门品》已描绘得十分详尽,从"无尽意

图16　第61窟南壁妙庄严王本事品

菩萨即从座起，偏袒右肩合掌向佛而作是言"起，一一表现观世音菩萨救济诸难和三十三现身，最后画观世音受无尽意所施璎珞，"分作二分"，一分奉释迦佛，一分奉多宝佛塔，等等，几乎包括了此品的全部内容。隋唐之际，此品往往占据整面的画壁，有时还单独出现，形成"观音经变"。

中唐以后，此品有的画在法华会的两边；有的画在经变下方的四扇（有时三扇）屏风中，而法华会周围则只画无尽意菩萨问观世音菩萨或者观音济难的少数场面；还有的只画在法华会右侧《安乐行品》的上方，或者画在《见宝塔品》的左面，即经变的左上角。

23.陀罗尼品

此品讲药王菩萨、勇施菩萨、毗沙门（多闻）天王、持国天王、罗刹女等，为拥护读诵受持《法华经》者说陀罗尼神咒。神咒无法入画，因此只画上述人物形象，须依据榜题辨识。这次调查发现有中唐第231窟画毗沙门天王、宋第61窟画持国天王等，位置都在多宝塔的两旁。

24.妙庄严王本事品

此品讲，往古世有妙庄严王信受外道，深着婆罗门法；其夫人名净德，二王子名净藏、净眼，皆久修菩萨道，有大神力福德智慧。佛欲说《法华经》，二子请母前往听经，母教二子用"神变"令父王心净信解，遂俱往佛所礼拜，佛即为之说法，示教利害，于是妙庄严王并妻子眷属出家修佛道。

此品壁画始见于盛唐，但画面简单，只画国王并妻、子礼佛。中唐以后形成比较固定的位置和构图，大都在法华会的右侧。自下而上，先画一宅院，院内国王观看二子在空中现各种神通变化，接着画国王与群臣眷属、夫人净德与后宫彩女俱往佛所，最后画佛为诸国王大臣及诸夫人彩女眷属说《法华经》(图16)。"俱往佛所"的场面，一般只画少数骑者，但也有些洞窟画得声势浩大、人物众多，俨然帝王出行行列。

法华经变和其它佛教艺术一样，首先它是一种宗教宣传品，其艺术性服从于宗教的信仰和崇拜，因而与一般的艺术品有所不同。但是，宗教思想和宗教艺术在封建文化和古代社会生活中占有极其重要的地位。同时，宗教又是一种十分复杂的现象，在宗教大量虚构的理想境界中，经常渗透着十分现实的世俗内容。这种情况在宗教艺术品中同样存在。即以本文所考察的法华经变壁画来说，画面所揭示的一些世俗风貌和生活气息，在一定程度上已经超出了单纯宗教宣传品的框架，它帮助人们去认识历史上的社会现象，并给人们以艺术欣赏的乐趣。因此，我们今天科学地探求像敦煌莫高窟壁画法华经变的发生、发展的历程，对于全面了解和正确评价我国古代的艺术成就，并从中汲取有益的营养，也还是有重要意义的。

以上只是我们过去初步调查的若干心得，距离今天将近二十年了，现在看来，很需要对一些肤浅粗疏的认识加以提高，并争取更好地解答那些复杂而难以搞清的问题。

为方便读者，将我们调查中于莫高窟各洞窟所见经品的初步统计列表作为本文的附录。

莫高窟法华经变各品统计表

品　　　　名	隋代窟	初唐窟	盛唐窟	中唐窟	晚唐窟	五代窟	宋代窟	合计
序　　　　品	420	331	23.103.217	154.159.231.237.472	12.85.138.144.156.196.232	4.6.61.98.108.146.261	55.76.431.449.454	29
方　便　品			23.103.217	31.159.231.237.472	12.85.138.144.156.196.232	55.449	10.5 55.449	20
譬　喻　品	419.420		23.103.217	159.231.237.472	12.85.138.144.156.196.232	4.6.61.98.108.146.261	55.76.431.449.454	28
信　解　品			23.217	159.231.237.472	12.85.138.144.156.196.232.459	4.6.61.98.108.146.261	55.76.431.449.454	26
药　草　喻　品			23	159.231	12.85.138.468	6.61.98	55.76.431.449	14
授　记　品				154.231		146	76	4
化　城　喻　品			23.103.217	31.159.231	12.85.138.144.196	6.61.98.108	55.76.431.449	19
五百弟子授记品				154.231	144	98.108	76.98	7
授学无学人记品						146		1
见　宝　塔　品	276	68.202.331.332.335.340.341	23.217	31.154.159.231.361	12.14.85.138.144.156.196.232.168	61.98.108.146	55.76.431.449	32
提婆达多品		331	23.217	154.159.231.	12.138.144.156.196	6.61.98.108.146	55.76.431.449.454	21
从地踊出品		331		159.231.	12.85.138.144.154.156.196.	61	55.76.431.449	19
劝　持　品						6.61.98.108.164		1
安　乐　行　品			217	159.231.	12.85.138.144.154.156.196.	61.98	431.449	17
如　来　寿　量　品				231	85	6.61	449	5
随　喜　功　德　品			217	159		6.61.98.146		4
常不轻菩萨品				159.231	12.144.154		76	10
如　来　神　力　品			23				76	2
嘱　累　品			23.103.217			6.61.98.146		3
药王菩萨本事品			23.217	31.159.231	12.138.144.154.196	61	55.76	16
妙音菩萨品		331		231		6.108	76	4
观音普门品	303.420		23.217	231	12.85.196.232.468	61	55.76	14
陀　罗　尼　品				231	12	6.61.98.108.146		3
妙庄严王本事品			23.217	231	12.85.196		431	12

略论敦煌彩塑及其制作

孙纪元

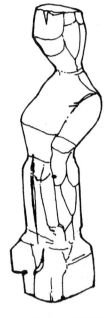

图1 残存的小型彩塑木胎

① 见《大智度论》卷八十八(《大正藏》卷25, p.681), 另见隋·智颛《法界次第初门》卷下之下(《大正藏》卷46, p.696)。

② 《造像量度经》大约十四世纪时由梵文译成藏文, 十八世纪上半叶清代工布查布由藏文译成汉文(《大正藏》卷21, pp.936～956)。

③ 例如三十二相中有第三手指纤长相、第五手足缦网相、第九手过膝相、第十六皮肤细滑相、第二十身端直相、第二十一肩圆满相、第三十一眉间白毫相、第三十二顶肉髻成相等等。也有些规定是很难用雕塑语言表达的, 如第二十二四十齿相、第二十六咽中津液得上味相、第二十七广长舌相、第二十八梵音深远相等。此据元·一如《三藏法数》卷四十八转述。

一 丰富多彩的敦煌彩塑

丰富多彩的敦煌莫高窟彩塑, 从高达三十余米的巨像, 到仅十几厘米高的小像, 共计二千多件。它们是从十六国、北朝, 经隋、唐、五代、宋至清代一千多年间陆续塑造出来的。由于石窟群开凿在砾石崖层上, 石质不适于雕像, 因此古代的匠师们因地制宜, 在深厚的民族传统基础上发展了敷彩的泥塑。它是一种人民群众喜闻乐见的艺术形式, 比单色的雕塑更为逼真, 也更美丽、丰富。在我国内地, 因气候潮湿, 泥塑不容易长期保存, 早期的泥塑作品很少见到, 故而敦煌彩塑就格外受到国内外的重视。

敦煌彩塑的主要题材为佛、菩萨、弟子、天王、力士等。它们是石窟里的主体, 被布置在显著的地位, 周围衬托以绚丽多彩的壁画。彩塑以它立体的造型而显得形象突出, 又因它的敷彩而与壁画产生十分和谐的气氛。如第158窟彩塑涅槃像的周围用壁画来表现佛弟子、信徒举哀的场面, 使彩塑与壁画形成一个统一的整体。

佛像是最主要的崇拜偶像, 有弥勒佛、阿弥陀佛、三世佛等。还有与佛传故事有关的形象, 例如表现释迦牟尼在尼莲河畔树林里苦修的形象、坐在菩提树下的降魔像、传布教义的说法像, 等等。佛像在塑造上有比较严格的要求。"三十二相"①和《造像量度经》②都对造像的特点和比例作出了规定。除佛而外, 也规定了侍立于佛左右两侧的菩萨、弟子、天王、力士们的高低大小和排列次序。但实际上, 只能规定造像的一些比较明显的外形特征, 像手足有缦网、眉间有白毫、头顶作肉髻以及身端直、手过膝、指纤长、肩圆满等③。其中关于比例的规定是随着时代的更迭而不断演变的。对于造像内在精神的表现则更难以严格规定。我们看到, 彩塑的题材范围虽然比较窄狭, 但古代匠师们在千余年的制作过程中, 却并非千篇一律地传摹。他们继承我国悠久的民族艺术传统, 吸收外来的因素, 不断创新, 塑造了各时代不同风格的作品。各时代造像形制、比例和风格的变化, 难免受到各时代封建统治阶级审美观的制约。如北魏后期出现的"秀骨清像", 是南朝士大夫形象的写照, 而唐代塑像的圆润丰满、比例匀称则反映了唐代统治阶级的好尚。另一方面, 我们还清楚地看到, 即使是同时代的同类造像, 也不是千相一面, 而是各具独特的表现。古代匠师们通过艺术创作寄托了各自的理想以及对美和生活的认识。拿菩萨像来说, 第328窟的左右胁侍, 具有一种超世的庄重、高贵和不可亵渎的神情; 第384窟的胡跪供养菩萨, 双手合十, 双眼凝视, 表现出极度的虔诚; 第197窟那身手臂残断的菩萨, 强调的是年青而稚气的个性; 第194窟的菩萨, 却又以典雅和秀丽博得人们的赞叹。天王形象大多是蹙眉怒目, 而第194窟南侧的天王则表现出一副笑容可掬的样子。古代匠师们在同样题材要求下创造了具有不同性格特点的艺术形象，这反映了他们对创作对象观察、理解上的差异以及艺术技巧的高低。他们塑造神像总是以现实生活当中的人物形象作为依据，因而总有写实的一面。弟子如现实中的高僧，菩萨如现实中的仕女，天王如现实中的武士。此外，敦煌彩塑中也有少数故世高僧的肖像，如第17窟（藏经洞）中的洪䛒像④，更是现实人物的真实写照。

二　泥塑的制作技巧

古代匠师们成功地塑造人物形象，显示出卓越的才华和高超的艺术技巧。

从一些业已残破的彩塑上，我们了解到泥塑骨架制作的奥妙。小型彩塑往往先用木头削成人物的大体结构（图1），再塑上薄薄一层细泥。那些木胎本身已经可以看出人物的基本造型和动态，有的虽然细泥早经剥落，但仍显现出生动的风姿。比较大型彩塑的骨架大多用圆木，根据形象的需要扎制。我们发现古代匠师巧妙地按照塑像动态选用适当的弯曲的木料。如第197窟前室的力士像（图2），头部泥层全部脱落，粗大而弯曲的圆木，仅在脖子的位置砍细了一些，却能清楚地看出力士仰头挺胸的生动神态。又有的塑像是以木板为胎制作手掌（图3），以戈壁滩上的红柳枝条做手指（图4），然后敷泥。还有以圆木削制成有榫的手臂形状的构件（图5），外面包上麻布，再加泥塑，很像是木胎包纱⑤的制作方法。而高达二、三十米的泥塑，则不用木质骨架，而是在开凿洞窟时预留塑像石胎，然后在石胎上凿孔插桩，再于表层敷泥塑成。

用圆木搭制的骨架（图6），上泥前需用芨芨草或芦苇捆扎出人物的大体结构，既省泥又可减轻圆木立柱的负重。骨架上还有横向的木桩楔入背后壁上凿出的孔里，把塑像固定起来。

敦煌彩塑用泥即当地河床沉淀的一层泥土，叫澄板土，质细而无胶性，制泥时需加入适量的细砂和纤维。加细砂的比例不等。用在表层的泥里有时不加砂。据《元代画塑记》⑥记载，"武宗皇帝至大三年正月二十一日，敕虎坚帖木儿丞相奉旨新建寺后殿五尊佛……用物：黄土一千六百九十九石、红土四百二十一石四斗、净砂三百九十九石……"；看来是以黄土为主，约占67%，红土约占17%，净沙约占16%。这说明泥中加砂的情况。加砂的多少，取决于所选用泥土的胶性大小。又根据加入纤维的不同，大体分为两种泥，即粗泥和细泥。粗泥用澄板土加麦秸，塑作人物大样。细泥用澄板土七成、细砂三成，加水合成稠泥后，再加麻刀或棉花，以塑造人物表层及五官、衣褶、佩饰等细部。古代匠师们积累了极其丰富的实践经验，使泥塑完成后收缩小，不开裂，保存久远。据我在临摹中的体会，关键在于制泥和塑造两方面的功夫。制泥时，第一，要根据所选用的土质加入适量的细砂，泥中所加纤维应多而均匀；第二，塑造工艺过程应不同于粘土塑像。通常的粘土塑像，塑制过程中必须始终保持一定的湿度，直至最后翻模浇铸出成品为止，主要是为了避免其收缩变形。然而，从敦煌残破泥塑中可以看出，塑泥有明显的层次（图7），每层表面留有抹泥的指纹，说明每层都要待其水份挥发到一定程度，不能一次加泥过厚。最后加工用在表层的细泥，一般较薄，在其干燥过程中需用塑刀反复按压收紧。无论分层干燥收缩，还是最后的压紧，都是为着泥塑完成后基本不开裂变形。与此同时，为了使

图2　第197窟前室唐代力士像残躯

图3　第158窟北侧佛像手掌以木板为骨架

④　洪䛒，是唐代后期河西地区卓有影响的高僧，吐蕃统治时期充沙州释门都法律兼摄行教授，以后于大中五年（公元851年）受唐王朝敕封为京城内外临坛供奉大德兼释门河西都僧统摄沙州僧政法律三学教主并赐紫。据考证，洪䛒生前曾在莫高窟修建第365.16等窟，约卒于咸通三年（公元862年）。见马世长《关于敦煌藏经洞的几个问题》及附录第17窟西壁的洪䛒告身敕牒碑文，《文物》一九七八年第十二期。

⑤　王世襄《佛作概述》，《清代匠作则例汇编》（佛作、门神作），1963年版。

⑥　《元代画塑记》，原出自元《经世大典·工典》，明《永乐大典》卷一万八千二百八十七刊；此见经文廷式抄录后转刊《广仓学宭丛书》甲类第二集，1916年版。

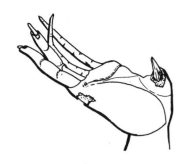

图4　第158窟南侧佛像以红柳枝为手指骨架

图5　有榫头的手臂木制骨架

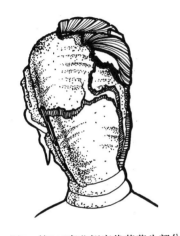

图7　第205窟北侧唐代菩萨头部分层塑泥情况

塑像的表面具有"润"的效果，还采用边塑边刷水的方法，以求在造型准确、饱满的同时，尽可能不留下使用工具的痕迹。这样，最后完成的塑像表面坚实、细腻、光滑，并保证了描线敷彩时能够笔触流畅。

古代匠师们还广泛使用了泥范（即泥制的模具）来制作中心柱或窟壁上的浮雕和圆雕人物身上的璎珞、串珠、花冠等装饰。此外，还采用预制局部（如小型塑像的头部及大型塑像的手指、脚趾等）的方法（图8），即节省工时，又考虑到了细部装饰及指、趾容易损坏的情况。

图6　用圆木搭制骨架（木架正视、侧视及与壁面凿孔连接、捆扎芨芨草情况）

三　塑造上的特点

泥塑与石雕，都是立体的造型艺术，有共同的特点。它们都要求在有限的形体中概括和突出地表现主题，要造型优美、生动，而又有如建筑一般的坚实稳定和强烈的体积感。但是，由于使用材料的不同，它们之间又必然产生各自不同的艺术效果。石雕要考虑重量的支撑和雕像的稳固，因此许多古代雕像紧靠山崖或背屏，整体感很强。就其雕凿工艺过程而言，则是先雕出大的形体，然后逐步加工细刻。泥塑则是先做骨架，再以非常柔软的泥塑成，宜于表现大的动态以至飞舞的飘带，也宜于表现局部更加细微的变化，从而达到生动活泼的效果。石雕和泥塑往往又在尽可能的范围内相互影响，吸收，借鉴。古代许多雕塑匠师都曾先后在多处造像，既做泥塑又做石雕。从史籍记载上看，北魏太武帝灭北凉时有不少敦煌造像工匠被迁往平城（即今大同）[⑦]。大同云冈石窟应当留有他们的作品。

总的说来，敦煌彩塑具有泥塑比较生动活泼、刻画细腻等特征。同时，不少地方也运用了通常是用于石雕的表现手法。这一点在早期作品中更为突出。譬如，第432、248等窟中心柱四周的菩萨像，头部前倾，身体紧靠中心柱，体积显得扁平；而靠近身体的那只手（图9），更是平贴在身上，基本上是浮雕的处理手法。再如第259窟的造像，用阴刻线条表现衣褶，效果谐调而柔和。用阴刻线刻画眉毛等细部的方法，从早期开始，直到隋唐及以后各代都沿用着。这些表现方法说明，古代雕塑匠师不受体裁的限制，熟练、自如地灵活运用着圆雕、浮雕、阴刻等各种艺术手段，这的确是我国雕塑艺术的优良传统之一。

敦煌彩塑发展到隋代，泥塑的特征逐渐明显，写实技巧也有了很大的进步。隋代出现的许多三、四米高的大像，气势宏伟，造型比早期浑厚、健壮，雕塑感更强了。第427窟主室的三铺立佛和前室的天王、力士，塑造得多么富有生命力！匠师们不仅大胆地夸张了护法天神的威仪，而且富有情趣地塑造了被天王踩在脚下的地鬼，他们如同百戏竞技一般

⑦　《魏书》卷一百一十四《释老志》。

的精彩表演，实在是庄严肃穆的佛教艺术里的生动插曲。那些大型立像，都是脚跟紧靠壁面，而上身向前倾斜，几乎离开了壁面，但当人们从主要观赏面（前面）仰视时却简直没有感觉到它的前倾。这表明古代匠师对于大型雕塑因透视而产生错觉的问题，已有深刻的认识，并找到了解决的办法。显然，俯身向前的佛、菩萨，更令人感到亲切、慈祥，符合题材、内容方面的要求。待到唐代盛世，彩塑艺术得到了全面的发展，许多彩塑完全离开了壁面，经得起从四面八方观赏。突出的例子，如第205窟南侧的游戏坐式菩萨，形体饱满、健壮、雕塑感很强，胸部和肩背宽阔、结实、健美，头部微侧，体态庄重自然。衣褶流畅而富有质感。其下垂的裙摆被覆在莲座上，片片莲瓣从裙摆下托映出来，塑工颇细。这身塑像虽然已经变色、残损，其内在的美和力量依旧感染着观众，是一件不朽的作品。又如第45窟的佛弟子迦叶、阿难，比例适度，形象逼真，神情生动，具有鲜明的性格特征。塑造的迦叶，是一个老于世故、饱经风霜、深沉睿智的高僧形象。与其相对的阿难，则像是一个聪敏谦恭、风流潇洒的年青和尚。古代匠师强调了迦叶紧蹙的双眉、深陷的皱纹和突起的骨骼等老年人外部特征。对阿难，则有意地隐去一些成年男性的骨骼特点，夸张其犹如女性般圆润的肌肤，以表现他的年少和风雅。另外，在塑造护法神、力士等形象时，则以十分夸张的手法，表现全身隆起的肌肉，以突出其威武强悍。由此可见，古代匠师掌握了人体的解剖学规律，善于把握形象的特征，从而塑造出一系列具有典型意义的生动形象，表现出高度的概括能力和丰富的艺术语言。

敦煌彩塑在衣褶处理上，大体可归纳出四种类型。第一种，阴刻线式（其横断面如图10），是当塑造的最后阶段，用工具在塑像表面刻划出来的一些断面为三角形的凹槽，有疏密、深浅、主线和辅线等变化。制作时，由于泥塑表层光润柔软，便可以像中国画线描一样，刻划出流畅的衣纹。这种衣褶多见于敦煌早期十六国、北魏时的彩塑。北魏第259窟北壁东侧龛坐佛比较典型，衣纹处理深浅适度，纹路清晰，疏密变化协调，刀法生动、优美。第二种，贴泥条式，其横断面和第一种正好相反（图11），是在塑像大的体面上粘贴一条条凸起的泥条，有时还在两个泥条之间的凹面上加刻阴线。作为立体造型艺术的雕塑，第二种更接近于实际的衣褶，在写实方面比第一种前进了一步。它多见于早期和部分隋代彩塑，最早的例子是十六国第275窟主尊弥勒菩萨。第三种，阶梯式，其横断面犹如阶梯，层层叠叠，棱角分明（图12）。这种塑法多见于隋代造像。以第419窟的塑像为例，衣褶具有立体效果，而且已能注意表现褶纹起迄之间的细腻变化，整体感很强。第四种叫做波浪式，其横断面高点突出而浑圆（图13），能把衣褶的质感表现得很好，既厚重又柔和，与丰满的人体非常协调，是唐代以来常用的方法。至五代、宋仍沿用不衰。从以上四种衣褶的发展趋势看，是一个从写意到写实的过程。泥塑的衣纹比现实中的简练、概括得多，并且经过规律化，富有装饰性；它们着重表现那些足以说明人物形体动态的部分，而省略了许多繁琐复杂的衣纹。因此，不管哪一种样式的衣褶处理，都使人感到多笔不觉其繁，少笔不觉其简。清代匠作则例记载，"凡垛塑文像，每塑匠一百工外加衣褶等项塑匠十工"⑧，还提到泥塑的第四道工序是"长面像衣纹"⑨。可见，泥塑的制作，都是首先完成人物的大体造型，然后进一步刻画衣纹。衣纹的刻划服从于人体结构和大的体面关系，处处照

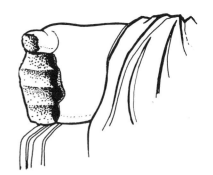

图8　第205窟北侧唐代菩萨脚趾预制安装情况

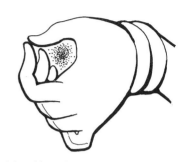

图9　第432窟西魏菩萨浮雕式平贴在身上的手

⑧　王世襄辑《清代匠作则例汇编》佛作第102条引清人抄本《营津全书》垛塑作则例。

⑨　《清代匠作则例汇编》佛作第617条引清人抄本《圆明园内工则例》第十三册《佛像增胎泥塑》："佛像增胎，文扮坐像，法身高一尺六寸至三尺，立胎骨木，糙泥一遍，衬泥一遍，长面像衣纹，中泥一遍，挑眉眼衣褶，光压细泥二遍，细泥粘做一遍，脏膛朱红油二遍。"

图10　阴刻线式衣褶断面

图11　贴泥条式衣褶断面

图12　阶梯式衣褶断面

图13　波浪式衣褶断面

顾到整体感，因而保证了彩塑体积饱满、结构准确、轮廓清晰优美。

雕塑作品，在不同光线下会显示出不同的外观，所以雕塑家都非常重视主光的来源。石窟建筑大都是一面开门，或还在门上加开一个窗。窟内塑像多正对着来自门窗的光源，这样的正面光容易使塑像的造型和神态模糊不清；还有许多塑像背光或处在很暗的光线之下。对于当时的雕塑匠师，这些都是非常不利的条件，可是敷彩的泥塑却能在某种程度上弥补光源不足造成的缺憾。例如，在第248窟菩萨的眉眼之间、人中和颈项上描线，又例如在第194窟力士夸张的肌肉上再加浓淡不同的色彩晕染等，都有助于强调形体的特点和变化。更加可贵的是他们能在正面受光的情况下，巧妙地利用体面的转折来加强五官表情的刻画。第130窟唐代开元年间建造的弥勒像，高26米，面部正对着第三层明窗。古代匠师在这个大像的眼睛和嘴部作了别处少见的特殊处理：在眼睑下（图14）和嘴的中线处（图15）各加了一个向内上方倾斜的面，在正面光源下形成一条比较浓黑的阴影，使眼睛和嘴的轮廓和表情显得非常清晰。

四　泥塑的敷彩

早在佛教彩塑出现之前，雕塑敷彩已有悠久的历史。新石器时代的陶塑，战国的木俑、陶人、禽兽，都有彩绘。近年发现的陕西临潼秦代兵马俑也残留着鲜丽的颜色。敷彩雕塑自古以来深为我国人民所喜闻乐见。直到如今，彩塑艺术仍在我国焕发着生命力，特别是小型彩塑更为普遍，最著名的如江南无锡惠山泥人和北方的泥人张等。

民间艺人在讲到彩与塑的相互关系以及敷彩的重要性时说："三分坯子七分画"。这句话包含两个意思，一是说敷彩重要，一是说塑和画不能截然分开，塑造时就考虑到了哪些部位需要着重描画。这样的例子在敦煌彩塑中很容易找到。许多造像在塑造过程中，有意地不把诸如胡子、铠甲、飘带等一些细节具体细致地塑出来，而是留待敷彩时去最后完成。第194窟里南侧那身天王，饱满的两腮上用红色描绘着蓬松的胡须，使人联想起画史上记载的"毛根出肉"[10]，感到十分生动。许多（例如第45窟）天王身上的甲片，也不去一一塑成，而只塑出铠甲的大致形体，然后用彩笔描画甲片的细部，给人一种形体结构简练饱满、繁而不乱的雕塑整体感。有些菩萨像身上的飘带伸展到壁面之后就不再加泥塑了，而是直接画在壁面上。有时敷彩还被用来进一步突出人物的特点。彩画为泥塑增色，又无损于泥塑的雕塑感和整体感，这无疑是彩塑技巧方面极为重要的问题。在这个意义上，第194窟南侧菩萨是一件突出的好作品，全身变化丰富的图案装饰，统一在从上到下遍布全身的石绿色调中，给人一种非常纯静、优美而完整的感觉。流传下来的小型彩塑制作经验中就说："远看颜色近看花"，即要求处理好局部与整体的关系；既有大的效果，又能细看；远看色调鲜明，近看精细入微、十分丰富。古代匠师对石青、石绿这样一些传统颜料的运用，技艺熟练，安排得当，效果调和统一而沉着。天津泥人张讲，"过去的说法配色讲究要'旧'，主要就是指需脱去火气的意思，色调要沉着、谐和、润、熟，看起来才悦目、显得雅静自然。"[11]这段话很好地总结了我国传统泥塑敷彩的艺术特点。

敦煌彩塑在敷彩方面，各时代均有不同特色。概括地讲，十六国、北朝时期敷彩比较简朴沉稳，主要使用土红、石绿、石青、白、黑等几种颜色。佛像多以土红大面积平涂通肩衲衣。菩萨像多以石青、石绿等描绘裳、裙和飘带的形体转折变化。面部及手脚，用白色或肉色。发髻、眉毛、眼睛、胡子、眼睑和人中，则描以石青、石绿、黑、土红等色。隋唐时代，敦煌彩塑发展到了辉煌灿烂的时期。隋代彩塑上出现许多织锦图案和五光十色的璎珞装饰。唐代彩塑的敷彩更加富丽，许多地方甚至粘贴金箔，如今还闪烁着光彩。

　　唐代民歌中唱道："工匠莫学巧，巧即他人使，身是自来奴，妻是官人婢"[12]。地位低下、生活困苦的古代匠师，他们不入画史，不见经传，但是却以艰苦卓绝的劳动，在戈壁断崖上为我们留下了不朽的彩塑艺术。敦煌彩塑是我国文化遗产的一个重要组成部分，值得我们深入地探索，研究，学习，发扬光大。

图14　第130窟唐代大佛眼部断面示意图

图15　第130窟唐代大佛嘴部断面示意图

⑩　张彦远《历代名画记》卷二《论顾陆张吴用笔》。

⑪　张景祜《谈彩塑的色彩》、《美术》一九五九年五月号。

⑫　《敦煌掇琐》, p.160。

图1　炳灵寺第169窟第7号龛西秦立佛

① 据敦煌文物研究所统计。见敦煌文物研究所编《敦煌彩塑》，人民美术出版社1960年版。

② 河南省文化局文物工作队《洛阳西汉壁画墓发掘报告》，《考古学报》一九六四年第二期。

③ 有人认为宝冠上有化佛的就是观音菩萨。而沮渠京声译《观弥勒菩萨上生兜率天经》云："其天宝冠有百万亿色，一一色中有无量百千化佛，诸化菩萨以为侍者"，明示兜率天的弥勒菩萨的宝冠上有化佛。另外，云冈石窟的交脚菩萨像中也有许多在其宝冠上出现化佛的例子。例如，第18窟南壁下层龛，第16窟南壁中间、东侧龛，第7窟主室南壁第四层西侧龛、东侧龛，第11窟南壁中层西侧龛，第6窟方柱下层东侧龛等处，交脚菩萨像的宝冠上都可以见到化佛。所以在宝冠上有化佛的不仅是观音菩萨。何况，交脚菩萨像的题记尊像名，全部是弥勒。云冈石窟第17窟所开明窗东侧上龛的交脚菩萨像和下龛的二佛并坐像下，有太和十三年（公元489年）石刻比丘尼惠定的造像记，记文明确称交脚菩萨像为弥勒像。从五世纪末至六世纪，由造像可确认为弥勒像的例证相当不少。仅在龙门石窟中即有26例之多，如古阳洞太和十九年（公元495年）长乐王丘穆陵亮夫人弥勒像记等。

敦煌莫高窟彩塑的发展

邓健吾

在长达千年的悠久岁月里建成的敦煌石窟，随着历代王朝和地方政权的兴衰以及佛教本身的变化，发生过多次变迁。莫高窟现存洞窟约600个，其中492个窟残存塑像、壁画或建筑的遗构，塑像总数达2,415尊[①]。这些塑像的内容和样式随时代潮流而发展，有时具有浓厚的印度或西域的色彩；有时又盛行长安和洛阳两都的风姿，具有中原的典雅面貌。这是因为敦煌具有特殊的地理条件和历史条件。一方面，敦煌与西域接壤；另一方面，各个时代汉族势力强盛，每当王朝兴盛时便在敦煌设置中央直辖的派遣机构。这两种影响都微妙地反映在敦煌造型艺术中。

在这里，我打算以敦煌文物研究所等各方面的优秀研究成果为基础，以敦煌与其它地方的雕塑样式相比较，来探讨莫高窟塑像的排年，提出一些看法，供中国雕塑史的研究者参考。

一　从凉州时期到北魏

众所周知，据出自第332窟的《李君重修莫高窟佛龛碑》记载，沙门乐僔于前秦建元二年（公元366年）始创莫高窟。在乐僔、法良等人草创时期的禅窟中究竟制作了什么样的佛像，这是一个饶有兴味的问题，可惜的是至今仍不甚明了。

从窟形、塑像、壁画的样式等方面判断，一般认为，现存最早的石窟，是位于窟区南段中央第三层的第275、272、268等窟。鉴于第275窟北侧长约25米的崖面崩毁严重；而以第275等窟为起点向南排列的各石窟，营造年代也大致依北魏、西魏的历史顺序而下，所以草创期的石窟处于这一崩毁地点的可能性很大。

第275窟有着与洛阳西汉墓相同形式的室顶[②]，并塑造出立体的椽子作装饰。窟内还凿有门阙形的阙形龛，保存着很强的汉魏传统。西壁的本尊交脚菩萨像（第一卷图版11），也有浓厚的中原传统的造型特色。此像高3.34米，坐方座，方座两侧各蹲一只狮子，宝冠上现出化佛[③]。左手作与愿印，右手从手腕处断失，大约原是作施无畏印。上半身通肩天衣作锯齿纹，下身裹裙，紧贴大腿部，可见受到西方的影响。隆起的线状衣褶上施阴刻线的手法，则是中国五世纪前半叶造像的共同特点。但敦煌的这尊造像，隆起的泥条很细，与炳灵寺石窟第169窟第7号龛西秦造像（图1）的褶襞不同；而与阿富汗巴米羊大佛像的衣纹表现相近。雕塑强调体积感，敦煌的和炳灵寺的上述造像有一个共同的特点，即实体感是平面的，而躯体的表现手法又与汉魏俑的表现手法相通。

这个窟的南北壁各有两个阙形龛和一个树形龛，分别置有菩萨交脚像和半跏思惟像。这些造像的样式与本尊基本相同，与马蹄寺石窟金塔寺西窟中心方柱龛内的菩萨像（图2）亦颇近似，但西域色彩稍浓。阙，历来是贵人居住或祭祀处所宫殿、庙宇的大门。阙形龛一般开凿在高处，

图2 马蹄寺石窟金塔寺西窟菩萨
（北凉～北魏）

图3a 酒泉出土北凉石塔：高善穆
造塔

图3b 酒泉出土北凉石塔：马德
惠造塔佛坐像（拓片，左侧为交脚
像）

所以交脚菩萨像被认为是在兜率天的宝宫中待机的弥勒菩萨。那么，在树形龛内思惟的菩萨半跏像，大约就是表示下生于阎浮提的弥勒菩萨在龙华树下修无常相瞑想时的姿态了④。这些弥勒菩萨像，说明四、五世纪以来中国西北部弥勒菩萨信仰之盛。稍后的唐代，慧立还记载说，玄奘三藏在赴印度时，曾在敦煌寺院停留并在弥勒像前启请⑤。

总之，就主要方面而论，第275窟诸像（第一卷图版11、19）与炳灵寺石窟西秦诸像、马蹄寺石窟金塔寺诸像，同属凉州派风格。唯敦煌的造像比炳灵寺西秦造像更为中国化，大概是由于在敦煌，汉人统治相对稳固，其文化传统也比较深厚，同时，其制作年代也较晚。其造像年代可推定为公元430年至440年之间。

第272窟西壁龛内的主尊佛像（第一卷图版7），与第275窟诸造像有明显区别。此像头部经后代重修，躯体则保持原状。宽肩、细腰以及从肩后至右手流水线般的大衣衣纹等表现特征，从北魏太平真君年间（公元440～451年）到和平年间（公元460～465年），常见于内地的单身石刻佛像。第272窟在弧线平缓的穹窿顶天井正中有浮塑的斗四藻井，这种圆形顶的构造在莫高窟别无他例，说明其造型依据的是西域式。

第268窟正面龛内的交脚佛像（第一卷图版6）着偏袒右肩大衣，薄衣透体，显示出肉身的轮廓，宽肩、细腰以及大腿部的肌肉表现等均与第272窟本尊样式一致。尽管同为交脚像，但它却与第275窟本尊（第一卷图版11）大不相同。这是由于对雕塑实体感的把握上有所不同，从大腿到足尖的处理显得更为轻松。这些造像与酒泉出土的北凉石塔⑥龛内的佛禅定像（图3a）、菩萨交脚像（图3b）有着许多共同的特征，其制作年代可推定为公元430年左右⑦。另外，与北凉石塔属同一类型的石塔在高昌也有出土⑧，可知在北凉时期敦煌与吐鲁番关系是很密切的。

正如记载所述："敦煌地接西域，道俗交得其旧式"⑨。在敦煌，西域的习俗不断注入汉民族的传统之中。太平真君三年（公元442年），敦煌并入北魏版图。那以前，李暠曾在这里建立过汉人政权——西凉。这时，其同族李宝由伊吾回归敦煌，北魏授其沙州牧敦煌公⑩。值李宝再兴敦煌府城，所根据的是汉民族传统，还是西域样式呢？这是很有意义的问题。以后，由于万度归远征鄯善，北魏开始统治西域诸国，并以敦煌作为经营西域的基地。所以，迎来北魏时代的莫高窟大约曾一度盛行西域样式。但是，北魏控制敦煌以后不久，太武帝又实行"灭佛"政策。

④ 鸠摩罗什译《弥勒下生成佛经》（《大正藏》卷14，p.423）。

⑤ 慧立《大唐大慈恩寺三藏法师传》（《大正藏》卷50，p.223）。

⑥ 史岩《酒泉文殊山的石窟寺遗迹》，《文物参考资料》一九五六年第七期；王毅《北凉石塔》，《文物资料丛刊》第一辑（1977年）。

⑦ 例如，北凉承阳二年丙寅马德惠造塔、承玄元年（公元428年）高善穆造塔、凉太缘二年丙子（公元436年？）程段儿造塔、凉缘示二年甲戌（公元434年？）白双旦造塔等。

⑧ A.von Le Coq: Chotscho. 7 Bds, Berlin, 1913. Taf. 60.

⑨ 《魏书》卷一百一十四《释老志》。

⑩ 《魏书》卷三十九《李宝传》。

图4 第259窟西壁正龛内北魏二佛
并坐像（部分）

图5 炳灵寺第169窟内第21、23号
龛西秦诸像

⑪ 鸠摩罗什译《妙法莲华经·见
宝塔品》（《大正藏》卷9, p.32）。
并坐像已知的即有十数例，如
北魏太和年间以后有铭记的二
佛并坐像。参阅松原三郎〈中
国の金銅二仏並坐像に就て——
北魏時代を主として——〉（仏
教芸術38，1959年）

⑫ E. Waldschmidt: Gandhara,
Kutscha, Turfan. Leipzig,
1925. Taf. 60.

⑬ A. Von Le Coq: op. cit., Taf.
54.

在莫高窟进行新的营造，只能是到了兴安元年（公元452年）"复佛"之后。因此，西域风格再次流行于敦煌，已是五世纪后半期的事了。

这一时期的石窟，有第259、257、254、263、251等窟。第259窟西壁中央呈凸字形突出壁面的宝塔，塔形龛内置二佛并坐像（第一卷图版20，图4）。所表现的是《法华经》中所说的释迦、多宝佛⑪。二佛的面部虽稍有破损，但精神犹存；其头上肉髻高耸，额部宽大，发际线平直，使人想起云冈昙曜时期的佛像。从躯体看，双肩和两肘颇舒展，姿态雍容大度。衣纹褶襞为双重隆起的线条。第275窟的本尊交脚菩萨像与云冈昙曜期诸造像有共同的特色，同一样式还见于炳灵寺石窟第169窟中第21号龛到第24号龛的诸佛像（图5），它可以说是北魏平定凉州以前的凉州造像样式。这种样式甚至一直传播到北魏首都平城（今大同），对佛教复兴后和平年间开凿的昙曜五窟造像产生了影响。一般认为，在云冈石窟的开凿中，曾被迫从太行山脉以东地方移住平城的石工的后裔，应是造像队伍的主体。因此，所谓云冈昙曜样式是以汉魏的传统技法为母体，并引进了凉州样式的产物，它反映出了统治者拓跋氏的理想。在此意义上，云冈样式正是凉州样式的发展。第259窟的本尊二佛，难道不也是在本地继承了典型的凉州样式传统的作品吗？

同窟北壁下层三龛内的诸佛（第一卷图版23），头部和躯体比例适度，整体和谐，面貌比第275等窟造像多了些细腻的实体感，从而加强了写实性。由它们还可以推想业已破损了的本尊二佛的本来面目，因此更具有重要的意义。其中，北壁下段东侧龛内的通肩佛禅定像是高仅0.85米的小像（第一卷图版25），从衣服的形式到技法，与吐木休克出土的佛禅定像（图6）⑫惊人地相似。可以想象，这种西域风格不断地融入凉州派。与其说通肩佛小像与本尊二佛在制作时期上有前后之分，不如作二者出于不同派系的匠师之手的解释来得妥当些。

不同壁面上的作品风格相异，这在莫高窟是常见的现象。例如，初唐第220窟的东壁和北壁上都有贞观十六年（公元642年）的墨书题记，但两者的壁画显然出于不同作者的手笔；又如西魏第285窟中，西壁同其它壁面在风格上存在着相当显著的差异。然而，即使认为第259窟北壁的禅定像出自西域系统的匠师之手，也仍然不可否认它具有作为时代风格的"太和式"的特征。

第260、257窟中心柱正面龛内的本尊佛倚坐像（图7，第一卷图版58、38）和第254窟方柱正面龛内的本尊佛交脚像（第一卷图版26），都与充满生气的内地太和式佛像具有相同的特色，体态上比云冈石佛更为优雅柔和。它们的蛋形脸神彩奕奕，眉骨不高，耳朵长大，眼、鼻、嘴匀称；肩幅宽大，腰、膝略小，与第272窟本尊佛交脚像属于同一类型。第257、254窟的本尊多少有些公式化的现象。在衣纹的表现手法上，第260窟本尊相间地施以深阴刻线和浅阴刻线，与炳灵寺第169窟第7号龛佛立像的衣纹处理手法相同。然而，第257、254窟本尊的衣纹表现手法却按照莫高窟的传统做法，在隆起线上施以纤细的阴刻。第275、272窟的胁侍菩萨都是用壁画表现的，但到了这一时期，本尊两侧已有了彩塑菩萨像或天王像，并开始考虑到作为群像的表现效果。第265窟中心柱前的菩萨面部，高高的眉骨和突然后倾的宽额、特征鲜明的眉眼、匀称的鼻梁和嘴唇等，具有与吐鲁番、克孜尔的塑像相同的特点⑬。这些菩萨像的头部像假面具一样，线条很浅，整齐划一，大概是模制而成。

图8 龙门石窟莲花洞藻井北魏飞天

图6 吐木休克出土佛坐像（四世纪后期至五世纪前半期）

图7 第260窟中心柱东向面北魏佛倚坐像

图9 江苏丹阳县胡桥吴家村墓出土南阳飞仙画像砖（拓片）

模制的塑像还有千佛、中心柱龛上方的飞天和供养菩萨等小型像。所谓"影塑"，在莫高窟开始于这一时期，而直到西魏、北周及隋朝初期尚见流行。但是，就1米以上的菩萨而言，只有头部才用模制，躯体则是在木胎上塑造。它们的形式虽各自相异，但一般都身量相等，体表光润，衣纹线轻快流畅。

东阳王元荣就任瓜州刺史的时间，据认为最迟是在北魏孝昌元年（公元525年）至西魏大统八年（公元542年）之间[14]。从《莫高窟记》可知，东阳王时期敦煌曾营造大量的石窟。敦煌文物研究所将这一时期定为北朝第三期。此期塑像失去前期的雄劲风范，变成了华奢清秀的所谓"秀骨清像"，大概这是由元荣从洛阳带来的工匠引进的样式。诸如第437、435、431、248、249、285等窟的造像，清瘦的瓜子脸、长颈、扁平的胸部、宽肩、细腿等，正是所谓的"秀骨清像"。前一时期重视雕塑的实体感，这时期重视线的表现力，与太和式佛像明显相异。

属于第二期的第260窟本尊，形体已趋于扁平，但面部还是太和式风貌，衣服也不算厚重。与此不同，第三期造像中，以往偏袒右肩的大衣几乎消失，采取了中国式厚重的所谓"褒衣博带"服制。第437、435、431等窟的本尊尚着偏袒右肩的大衣（第一卷图版62、65、75)，但面部清瘦，下巴尖出，颈长，整体上瘦削而缺乏体积感。可是影塑飞天等已经是中原式服制了。到了第249、285、288窟（第一卷图版89、114、108)，甚至本尊也成为典型的"褒衣博带"式。这种服装形式，在僧祇支（内衣）和裙上套穿厚实的大衣，从敞开的胸部垂下僧祇支的系带。佛像采用这种服制，据说源于孝文帝时期。北魏太和十年（公元486年）正月，孝文帝开始着"衮冕"临朝，同年四月制定五等公服[15]。结果，这种服制也波及佛像，继而盛行于云冈第6窟以后的各窟和龙门期的各石窟中[16]。

另外，北朝第三期影塑和壁画中出现的飞天形式，六世纪初在龙门石窟、巩县石窟中也见盛行（图8)，它又与南朝陵墓中模压砖画的飞仙同形（图9)[17]。南朝追求的飞天容姿是，尖细的下巴，秀逸的脸，上半身直立，一腿屈曲，一腿平伸，天衣和裙子飘向后方以示飞翔。这种

[14] 宿白《敦煌莫高窟早期洞窟杂考》(《大公报在港复刊三十周年纪念文集》，香港《大公报》1978年版。

[15] 《魏书》卷七《高祖纪》下。

[16] 参阅 长广敏雄《仏像の服制》(《東方学報》第15册第4分，京都，1947年)。另外，杨泓认为，北魏佛像大衣形式的变革，与孝文帝太和年间的服制改革有关系；而他又通过四川省博物馆藏茂县（今茂汶羌族自治县）出土的有南齐永明元年（公元483年）纪年铭的无量寿佛坐像为例，证明北魏佛像大衣的变化是南朝影响的结果（《试论南北朝前期佛像服饰的主要变化》，《考古》一九六三年第六期）。

[17] 参阅常州博物馆《常州南郊戚家村画像砖墓》图一九（《文物》一九七九年第三期)，南京博物馆《江苏丹阳县胡桥、建山两座南朝墓葬》图一三（《文物》一九八〇年第二期)。

飞天的原型大约来自东晋。南朝式飞天与所谓褒衣博带式佛像同时出现于北朝，这是值得注意的。

据考证，第288、249、285窟营造于北魏末和西魏时期，所以敦煌出现中国式服制的时间比云冈、龙门、麦积山等各石窟晚得多，并且在采用中国式服制的同时，在衣褶上仍保留着旧式的隆起线。至于像重叠厚纸般的阶梯状衣褶，就不能不有待于第432、428、290等窟即西魏末以后造像（第一卷图版151、89、114）的出现了。

敦煌文物研究所将北周时期的石窟归于北朝第4期[18]。这一时期的造像，不仅脸型开始变圆，而且姿态也显得优雅，从肩部、腿部透过薄纱还可窥见柔软的肉体。由于头部又大又圆，相形之下，两眼到嘴唇的距离缩短了，使表情显得天真稚气。这一特征，近似于中原从东魏和西魏后期到北齐和北周时期的造像。它们的上半身很长，下半身尤其是腿部较短，身体比例不当。服饰为北魏后期式样，开襟高，从敞开大衣的胸部垂下僧祇支的衣带，均与北朝第三期服饰制形式相同。衣褶不再是贴泥条制作隆起线的莫高窟传统手法，而变为阶梯状。与第三期相比，菩萨像也变得额头略窄，两颊丰满，鼻和口都显得小巧，确实中国化了。特别是第432、438窟本尊的胁侍菩萨，呈现少女般冰清玉洁的姿容，给人一种脱离宗教世界而回归人间的感觉（第一卷图版156）。不过，与其说它是北齐、北周风貌，不如说仍是东、西魏后期的样式。然而，在第290、428窟的造像中，显示了肉感的表现（第一卷图版174、175、60）。上身长、束胸、鼓腹，这一可称为"三曲法"的动态，是北齐、北周样式的特征。服制样式虽多，但基本上可分为两种形式：着裙，在裸露的上半身直接穿天衣；或在宽松的汉式长袖衣上套穿天衣。这一时期的本尊佛像还是继续前期形式，多为倚坐像；但在群像的组合上，已由一佛二菩萨或一佛二天王的三尊像，发展为一佛二比丘二菩萨的五尊像。作为群像雕塑，总体效果和主从关系的秩序整然齐备。

上述这一时期造像变化的原因，宿白氏认为，是由于刺史建平公于义从关中赴任敦煌，把兴起于北朝晚期的新的佛教艺术从中原带到了莫高窟[19]。的确，向五尊像的形式发展和造像样式的变化，是时代的趋势，但是造像仍保持旧式的服制，则可能是由于东阳王时期的传统在敦煌根深蒂固。

二 从北齐、北周到隋代

在隋文帝佛教复兴政策的影响下，莫高窟隋代开凿石窟的数量超过了北朝时期，现存的隋窟达一百一十窟之多，尽管历史短暂，但塑像内容却富于变化。隋初的第301、304、250等窟的造像，头部大而圆，身穿北魏后期的褒衣博带式大衣（第二卷图版1、19），可以说是莫高窟北朝第四期的延续。但是，在第302、303、312等窟中，出现了一些头部和躯体整个像纸糊的达摩一样矮胖的小型塑像（第二卷图版13、45）。这是在第四期造像中未曾发现的新样式，可惜已被后人所改动。

如前所述，莫高窟从北周到隋初，流行过柔美优雅的样式，但服制却是旧式的。中原典型的齐、周样式在莫高窟出现，则已经是隋代初期以后。第419、423、420窟的本尊佛坐像（图10，第二卷图版79、36、61），以及第427窟中心柱龛内的坐佛（第二卷图版57），具有稚气温雅

⑱ 樊锦诗等《敦煌莫高窟北朝洞窟的分期》（本书第一卷，pp.185～197）。

⑲ 同⑭，p.402。

图10　第423窟西壁隋代佛
坐像

图11　麦积山第82窟坐佛
（北周至隋初）

图12　山西省博物馆藏北
周石雕佛立像

图13　上海博物馆藏北齐
白玉佛坐像

的圆脸和结实的躯体，颀长的上身穿着通肩薄衣，颇具特色。大而低的
肉髻，平而圆的肩，从膝部向台座下垂的悬裳，和谐而宁静，富有整体
感。这种式样，首先出现于麦积山石窟第12、31、82等北周窟的造像
中（图11），此外还见有山西省博物馆藏的北周如来立像（图12），上海
博物馆藏北齐白玉佛坐像（图13），以及现存日本的北齐白玉佛坐像⑳。
由此可知，这是六世纪六十至七十年代中原流行的样式。上举莫高窟诸
窟中的菩萨像，造型都非常丰满、柔美，堪称敦煌隋代菩萨的典范，然
而它们依据的仍是中原的齐、周样式。

与此相对，真正接近于隋代样式的是第412窟的造像（第二卷图版
86）。这是个宽约6.50米的大型窟，前半部已崩塌，西壁中央开复式大龛，
龛内安置本尊佛坐像及十大弟子、二菩萨的塑像，窟南、北壁也各塑有
一尊菩萨立像（第二卷图版87）。本尊坐佛的躯体富有体积感，完全是
隋代样式，并且脸大，目锐，鼻挺，下颏饱满，口紧闭，神情坚毅。从
第419、420窟的佛坐像看，其举止坚定，且使人感到雕塑的逼人的存
在（图14，第二卷图版79、61）。这是因为中国内地的隋朝样式很快传
到了敦煌。台座悬裳只是在须弥座前由凸出的座沿薄薄垂下，与第419
窟本尊衣纹堆满"悬裳座"的现象不同。其造型与河南省洛阳龙门石窟
宾阳南洞（图15）、山东省驼山石窟的巴洛克式石雕隋代佛像相比，要
柔和得多。它既具备塑像本身的特性，又与保留北周传统的敦煌地方特
色一脉相承。龛外的菩萨像，以北壁的更为出色。脸庞略方，肩宽，胸
部厚实，束腰，下半身相对稍短；上半身微微扭转，给直立的姿态赋予
某种柔美的韵律。第427窟中心方柱前的三组佛三尊造像（第二卷图版
51~53）样式也与第412窟的基本一致；而第427窟中心方柱龛内的造
像，则近似于第419窟。我认为，这是在同一时期内流行的两种样式。

隋代后期的样式以第244窟为代表。这一窟中造像布局与过去不同，
它沿着南、西、北三壁设コ字形的须弥坛，南壁置以立佛为中心的三尊
像，西壁置以坐佛为中心的五尊像（第二卷图版172），北壁置以菩萨立
像为中心的三尊像（第二卷图版177）。从尊像的形式来看，可能是包括
过去、现在、未来三世的所谓三世佛。西壁的主尊左右分别侍立着迦叶、
阿难二罗汉。主尊的手已断失，但其他部分基本完好，大约是作施无畏

图14　第419窟西壁龛内隋代佛坐
像

⑳　现存日本的北齐白玉佛坐像，
　　与上海博物馆藏的北齐白玉像
　　极相似（平凡社版《世界美术
　　全集》第7卷插图154）。

203

图15 龙门石窟宾阳南洞佛坐像
（隋代至初唐）

图16 第57窟西壁龛内初唐佛坐像

印和与愿印的释迦，不仅肉髻高耸，螺发细致，脸庞也较丰润，而且在宁静的外貌中使人感到内心的深沉。其肩、胸都显得丰满，与第412窟坐佛的清瘦体态不同，但并未失去凝重的实在感。罗汉、菩萨虽缺少动势，但比例匀称，性格刻画有所进步，衣服的表现手法也突破了生硬的公式而变得活泼自然，并开始强调质感。这就意味着，以后唐代造像中现实主义的萌芽，至此已经显露。

曾经盛行于北朝的交脚像、思惟像以及二佛并坐像，在隋代已渐渐消失，而出现了一佛二罗汉二菩萨及二天王的七尊像。第427窟甚至还塑制了四天王（第二卷图版46、47）。以庄严肃穆的主尊为中心，环绕以数尊各有个性的从属性造像而构成群像，戏剧性地强化了窟内的宗教气氛。而后，这种群像形式顺应着好大喜功的唐代贵族、统治者们的意愿日臻完美。隋代喜欢在佛像的脸和肉身上妆贴金箔，但到近代已大多剥落，露出白的或土黄的地色。菩萨的宝冠、璎珞等装饰品不仅越来越华贵，而且还开始在色彩上下功夫；衣裙上精细地描绘着联珠纹、菱形纹，以表现绚烂豪华的锦绣。这些表现手法形成了时代的潮流。

三　唐代样式的发展

唐代在隋代的基础上充实国力，将中国封建社会推向鼎盛期，佛教美术也出现了最兴旺的时期。唐代经营西域的实际成就超过汉代，因此敦煌与中央政权的联系也更加紧密，中原文化还通过敦煌对西域各地产生了强烈的影响。另一方面，唐代的中原文化因其兼容并包而加强了国际性，使艺术的风貌多样化，丰富了传统艺术。在雕塑领域，也大胆采用了印度的新样式，使已经民族化了的隋代雕塑更加完美，终于完成了中国独特的典型样式。莫高窟的唐代造像，在中央王朝统治时期和吐蕃占领时期各有盛衰，但大体上忠实地反映着在长安和洛阳完成的各时期的样式。唐代丰富多彩的社会生活和现实主义倾向，以写实主义的手法体现在塑像上，造像的技艺也在飞跃发展。以东西方贸易的繁荣为背景，敦煌具备了雄厚的经济实力，这使营造高达33米和26米大佛的浩大工程成为可能。

虽然一直称作唐代，但在大约300年间，中原王朝对敦煌的统治时盛时衰，这不能不对敦煌的塑像发生影响。初唐和盛唐时期，中原文化比任何时代都更迅速地、连续不断地波及敦煌，造像样式虽说多有变化，却难以形成敦煌地方的独特样式。

若将初唐分为前期和后期，那么代表前期面貌的是第57、322窟的造像。在第57窟的西壁开有因袭隋代的浅复式龛（图版8），龛内安置着七尊塑像。但是，本尊佛坐像的台座，是将方座前面两角斜切而成为八角座（图16），本尊造型也表现为唐代样式，脸庞呈蛋形，肉髻高耸，螺发起伏颇大；因为是溜肩，体型的粗犷感全然消失，较之隋佛更给人以优雅的印象；衣纹线条自然流泻而下，台座边的悬裳也已不单纯作为装饰。不过，它所体现的唐代样式尚不够典型，大概是因为姿态缺乏动势，还带着几分生硬。龛内左胁侍菩萨右腿略曲，重心放在左腿，上半身略微扭转，这已显出唐代写实主义的萌芽。相对来说，菩萨头部略小，人体比例准确，较之隋代菩萨少女般的天真，更具有青年女性的优雅。

第322窟的西壁龛也是复式龛，内龛进深大，置有五尊造像，外龛立二天王像（图版16）。结跏趺坐的本尊佛坐像仪表堂堂，已完全是唐代风貌；整体和谐自然，脸稍长，弧形的眉毛下长目俊秀，呈初唐风格；台座为唐代典型的八角座。衣纹刻得深，而又富于变化，透过衣饰可以看出对身躯形体的正确把握，由此可见写实能力的进步。无论两侧胁侍的罗汉，还是菩萨，都比第57窟诸像更加写实，动势也显得更大。特别是菩萨像，采取了腰部略成く字形曲线的印度三曲法，裙裾和腰带的处理也加强了这种动势。甲胄著身的天王像生有口髭，神情幽默，体态匀称，富有运动感，其神态颇为有趣（图版17）。那是胡人的形象，反映了唐代在军事上任用胡人的政策。

第220窟东壁和北壁都有贞观十六年（公元642年）的墨书题铭，因而保存完好的绚丽壁画可以作为初唐的标准作品。遗憾的是，西壁大龛中的五尊造像经过后代多处补修，已严重损害了原貌。本尊的头部因近代补修，已丧失了初唐佛像的旨趣，幸运的是躯体和台座还保留原形，大体可以断定它与第322窟的本尊为同一类型。应该注意到，这一造像的衲衣运用舒缓圆弧的线条处理悬裳的表现手法，与中书舍人马周造石佛坐像（图17）所见几乎完全一致。已知后者是贞观十三年（公元639年）作于长安的，可以证实，这一时期内地样式是如此迅速地传到了敦煌。而且，第220窟的佛像要更自然柔和一些，造型上的感觉与石佛迥然不同，也许这是由于塑像的表现比石刻更自由的缘故。立于本尊两侧的二罗汉，重心都落在靠近佛像一侧的脚上，所以比第322窟直立的罗汉更为自如。左侧的罗汉（图版21）在此窟中保存最好，它是释迦弟子中最年长的大迦叶。塑像通过适当的性格刻画，表现了迦叶坚持苦行生活和严守戒律所形成的坚毅人格。在壁画上，东壁南侧的维摩诘像也已初见人间的风貌，而塑像在七世纪中叶则更进一步发展和深化了写实的风格。可以说壁画和塑像中都已表现了写实主义的时代风尚。敦煌几乎与中原同时迎来了唐代艺术最初的发展高潮。

一般认为，初唐后期的样式在某种意义上是第220窟造像样式的继续，而没有太大的变化。遗憾的是，初唐后期的洞窟因为接近王圆箓居住的下寺，大都遭到其拙劣的补修，难以确切寻觅它的发展脉络了。

莫高窟最大的塑像——第96窟倚坐的"北大像"（图18），据《莫高窟记》可知其营造于则天武后时期的延载二年（公元695年）。石窟前建有九层楼阁，33米高的大佛像占据了整个洞窟。在楼阁上层近观大佛面部，近代拙劣的补修映入眼帘，甚至令人觉得滑稽可笑。但透过新涂的补修色彩，佛的脸庞仍然显得丰满充实，低低的肉髻，刻着波状纹，表现手法竟与龙门奉先寺大佛近似（图19）。奉先寺大佛受高宗敕命造于咸亨三年至上元二年之间（公元672～675年），可见这种七世纪后期的中原样式确实传到了敦煌。丰满的面相和柔软的肉感这一特征，大概是六世纪后期以来，中印度的新样式反复不断地影响中国的佛教造像而形成的。初唐的造像，与在传统造型上混杂外来因素的北魏样式不同，它是不破坏传统样式的结构和内容而又吸收外来造型优点的产物。进入盛唐以后，则又加入了在唐帝国雄厚经济实力的基础上发展起来的现实主义倾向，并融合了长安、洛阳两都唐朝贵族的风雅习俗，从而生产了绚丽豪华的理想化的盛唐样式。

莫高窟现存第332窟的三组三尊立像（图20），虽有近代的妆绘，但塑像却几乎没有补修，作为武则天圣历元年（公元698年）的典范作

图17 唐贞观十三年（公元639年）马周造佛坐像

图18 第96窟初唐佛倚坐像

图19 龙门石窟奉先寺初唐佛坐像

图20 第332窟初唐佛三尊像

品，具有特别珍贵的价值[21]。

此窟在位置显要的中心方柱正面以及窟室前部南、北壁人字披下各安置了巨大的三尊像，与隋代第427窟（第二卷图版51～53）具有几乎同样的结构。稍微不同的是，方柱南、北、西三面都不开龛，而在窟室西壁置释迦涅槃像。方柱正面的三尊像，头部和躯体的比例都很适当。拿主尊来说，高额，丰颊，弧形的眉毛，修长的眼睛，严整的嘴唇，在宁静的相貌中体现出慈悲的神态。向本尊靠拢的胁侍菩萨，腰肢婀娜，脸、臂、胸、腹、大腿部柔美丰满，既写实，又富有微妙的情趣，只可惜被后世补上花俏刺眼的色彩，因而掩盖了塑像本身固有的美感。窟型是守旧的，塑像则与西安保庆寺旧藏的石刻十一面观音（图21）、石刻三尊佛相似，后两者大约作于公元690年至700年之际。

说起盛唐前期的代表性造像，不能不提到第328窟诸像（图版111）。窟内由于宋代的改修，唐代壁画已被完全覆盖。西壁龛内以本尊佛坐像为中心配置以二罗汉二菩萨，其两侧和龛外左右的坛上还有胡跪的供养菩萨（图版118、119）。本尊（图版114）右手作施无畏印，左手抚膝，脸呈蛋形，肉髻高，螺发小而刻痕深。其长弧线的描眉，修长的眼睛，方正的鼻子，果决的嘴，威严而端庄，颇有动人心魄的力量。在表现挺着胸脯的躯体时，体积感表现适度而不感到夸张。衣纹柔软，比第322窟本尊的更为精彩了；尤其是紧贴在莲座上的衣襟，底下一片片的莲花瓣简直都像要透出来，使人感觉已经达到了唐代写实主义表现的顶点。胁侍菩萨（图版115）一腿盘在莲座上，另一腿由座上垂下，成为所谓的"游戏坐"，肉身在柔和中有适度的紧张，庄重而不落卑俗。胖瘦适中的上半身，也因溜肩而显出了头部的俊秀。它试图在人性的表现中追求崇高的精神，堪称盛唐前期理想风格的杰作。可以说，这种气质秀丽典雅的作品，完全能与长安、洛阳两都的造像比美。迦叶、阿难的造像也在写实的姿态和表情中分别表现了各自的性格（图版116、117），显示出高超的塑造技巧。背后的壁面上，左右各画了四身与迦叶、阿难类似的罗汉形象，加上塑像共有十身罗汉。他们是谛听释迦说法的所谓十大弟子。此外，壁面上还绘有菩萨塑像的背光、菩萨的画像等。它们与使

图21 宝庆寺旧藏初唐石造十一面观音像

[21] 第332窟中，原有圣历元年的《李怀让重修莫高窟佛龛碑》。

图22　第384窟盛唐供养菩萨像　　　图23　　第79窟盛唐胁侍菩萨像

用了石绿、石青、赭石、金箔的彩塑交相辉映，在现世中再现了光彩夺目的佛国净土。所谓"绘塑不分"，好像就是专为解释这一窟而提出的命题。通过这种卓越的艺术表现力，也许很多人都会被宗教的魅力所俘虏。可以说，只有这样，才使处于鼎盛期的唐代贵族的理想成功地、淋漓尽致地表现了出来。

　　第319、384窟的造像，因色彩变黑和剥落（图版145），已不如第328窟华丽，但从一些完好无损的塑像上尚可追寻当年的风姿。第384窟的菩萨像（图22），扭腰的动势稍有夸张，婀娜多姿，已露其后盛唐玄宗时期灿烂气象的端倪。迦叶、阿难的造像，宗教色彩淡薄了，恐怕不能仅仅说是因为被涂改过吧。

　　盛唐烂熟期的代表作是第45窟西壁大龛中的诸像（图版124）。它以八角座上的本尊为中心，两侧配置罗汉、菩萨、天王的立像，构成典型的七尊像（图版126～130）。本尊坐佛的相貌比第328窟的更丰满，这在表现胸部构造时，尤其显著。胁侍菩萨重心偏于一只脚，腰扭成〈字形，头略倾斜，姿态自如。下半身固定，上半身运动，似乎有些不谐调，但这种动中有静是受着雕塑造型自身的制约的，它保持了塑像的稳定性。日本天平时期的塑像也往往出现这种方式。立于本尊右侧的迦叶像动势较小，与相邻的秀美多姿的菩萨形成对比。迦叶像准确的形体结构，显示出高度的写实技巧，表现出他被誉为"头陀第一"的品格。第46、320、66窟的诸造像也是这一时期的作品。第45、46窟的天王像（图版149），体魄壮实，但对较大的动作而言，缺乏面部神态上的呼应，妨碍了内在精神的深刻表现。菩萨的丰满肌体十分动人，总之，亲切而富有人性；即使不能认为它与第328窟相比有了根本的差别，但已经有了进一步的发展，却是事实。

　　说到烂熟期，立刻可以想起的是第79窟的菩萨像（图23）。西壁龛

图24 天龙山石窟第14窟右壁盛
胁侍菩萨像

图25 第194窟西壁龛内中唐佛倚
坐像

内有一佛二罗汉四菩萨，此龛属于矩形平面盝形顶的类型，具有中唐时期的特征[22]。四尊菩萨中，外侧的两尊坐在莲座上，一只脚搁在座上，一只脚垂下。它们虽与第328窟的菩萨（图版115）同为"游戏坐"，但姿态要自由得多。丰润的面颊，修长的眼睛，小巧的鼻子，稚气未脱的嘴唇，实在端庄美丽。胸部丰满，腹部微鼓，体态纤巧，通身如富有弹性，甚至似乎可以感到躯体的温暖。指尖虽已破损，但手掌仍存，柔软可握。腿部修长，比例匀称，从大腿到足尖的曲线，有立像无法比拟的微妙变化，可见写实功力已炉火纯青。这种造像在样式上近似于山西省太原天龙山石窟第14、17、18等窟的菩萨（图24），那么，大概也可视之为天宝年间（公元742～756年）的作品。采取这种姿态的菩萨像既有动势，又有稳定感，适宜以塑像来表现，所以在盛唐时期特别流行。它的流行好像还与净土信仰有关。唐代的净土信仰导致无数壁画净土变相的出现；尽管艺术上追求理想化，然而它所达到的并不是佛教造像的神化，却是返回了实实在在的人间。仅从这一菩萨看，追求肉体的美和官能的魅力甚于追求神的精神，那是亲切的人间形象。但是，尽管工匠们在佛教造像上追求人性，可唐代毕竟是封建社会，菩萨像虽令人赏心悦目，第79窟本尊却使人感到威严，至少不失端庄。佛像同当时的贵族一样，在背后置六曲屏风，封建的秩序和尊严，被坚定不移地维持着。

就维护封建统治的尊严而言，最高偶像是大佛。莫高窟继"北大像"之后，又于开元年间（公元713～741年）[23]建造了高26米的倚坐大佛，这就是第130窟中的"南大像"（图版120）。窟门甬道的南、北壁上分别描绘着晋昌郡太守乐庭瓌夫妻的供养像，说明此窟的发愿者正是敦煌一带的统治者。"南大像"是石胎泥塑像，即从断崖中凿出砂砾岩雏型，以之为芯，再敷泥塑成。妆贴在脸上的金箔近代剥落已尽，从下瞻仰尊容，细长的眼睛、眉毛、嘴唇的棱线和丰润饱满的双颊充分表现出佛的尊严和慈悲。

四　晚唐以后

唐朝因安史之乱而走向衰落，敦煌地区被吐蕃人占领，从而进入吐蕃时期（公元781～848年），即敦煌的中唐时期。此时在中原，公元845年发生了"会昌灭佛"事件，只是因为吐蕃信奉佛教，所以莫高窟仍在继续不断地营造石窟。然而，这一时期的造像已进入低潮，基本上是因袭着盛唐后期的形式，并作为敦煌的地方样式延续下来。造像不太多，但也不时有优秀作品出现，大概是因为在匠师中还有些保持着优良传统的团体。

第194窟，在西壁的盝顶龛内有佛倚坐像（图25）和二罗汉二菩萨二天王，龛外置二力士。龛内的造像保存完好，龛壁因壁画剥落而如同涂上一层白灰，所以造像竟像是放在了仓库之中。中间主尊倚坐像相好兼备，体态也优雅温柔，薄衣从丰腴的肩上流下，紧贴肌肤，夸张地表现了大腿，这与天龙山石窟第4窟东壁的本尊倚坐佛相似（图26），但更柔美，更显得松弛、自如，也给人一种印象，觉得是在维持盛唐的形体而又气力不足。至于从肩上流下的衣纹，处理也略嫌繁琐。与本尊相比，右胁侍菩萨显得很出色，与其说是菩萨，不如看作玄宗时期理想

㉒ 萧默《敦煌莫高窟的洞窟形制》（本书第2卷，p.193）。

㉓ 第156窟前室北壁咸通元年（公元860年）《莫高窟记》。

的美人像：丰颊、粗眉、细鼻、小嘴、如花似玉的容颜，深沉、低垂的眼神传出安谧的情趣。这种对精神面貌的深入刻画，给造像赋予了意境。绿色的衣裳与身段的曲线自然和谐，并成功地再现了那轻薄、柔软的质地。意味深长的是，菩萨的容貌与盛唐的俑近似。此窟的天王像因过于肥胖而缺乏紧张感。力士则身体强壮，块块肌肉隆起，看上去威力逼人。第197窟的菩萨像也是此时的作品，可惜破损甚多。第159窟西壁盝顶龛内的菩萨像（图27），面色严峻，显出中唐的某种冷寂情调。它的面部较为平板，身体局部结构流于概念化和公式化，比第194、197窟的类似造像稍显逊色。

这一时期，敦煌受异族统治，人们意气消沉，故好涅槃题材，由此产生了如第158、148窟那样的大型涅槃像。第158窟的涅槃像（图28）长达16米，是敦煌最大的涅槃像。它面貌端庄，继承了第130窟大佛的传统，但身躯缺乏体积感并流于公式化。南、北壁还分别有佛倚坐像和佛立像，因头部过大而使全身比例失调，其工艺技术不及涅槃佛像。

大中二年（公元848年），汉人豪族张议潮举兵，从吐蕃统治下夺回敦煌，敦煌进入了晚唐时期，但是唐朝的光辉和荣耀已经一去不复返了。张氏收复后的造像只是中唐时期公式化的延续。其中，第196窟是景福元年（公元892年）何法师营造的，中央作宝坛，配置本尊及二罗汉二菩萨二天王。本尊的头部为后代补修，右侧的菩萨、天王因窟顶岩石崩落而毁。左侧的半跏趺坐菩萨像残存着造型丰满的盛唐遗风，但却显得冷寂和程式化，与玄宗时期的造像已不可同日而语。使这一时期略增光彩的是第17窟的洪晉像（图29）。肖像塑像在中国为数极少，洪晉像是其中的一例，在简洁的造型中显示了这位高僧深悟的意境，是细腻地刻画人物性格的佳作。

五代以后的敦煌彩塑为数不多，且作风生硬，大都缺乏塑像艺术的魅力。与中原雕塑一样，在技法上也走向衰落了。

总之，敦煌的塑像，除北魏以前继承凉州传统的样式另当别论之外，其后的发展基本上反映了中原各个时代的样式。它的样式变化有时缓慢，

图26　天龙山石窟第4窟盛唐佛倚坐像

图27　第159窟中唐胁侍菩萨像

图29　第17窟晚唐洪晉像

图28　第158窟中唐佛涅槃像

有时迅速,这是因为各个时期的社会形势对造型艺术产生了微妙的影响。不可忽视，对于塑像，甚至对于整个造型艺术进行周密细致的样式比较研究，是阐明其时代和地方特色的一个关键。

日本的净土变相与敦煌

中村兴二

日本的净土教美术和其它佛教美术一样，也是在中国影响之下开始的。特别是在奈良时代，净土图像的制作曾经盛行[1]，这大概与初唐净土思想的传播大有关系。然而至少在平安时代前半期（九至十世纪）之前，还不能说净土教美术已臻隆盛。直到平安时代中期，由于天台宗的惠心僧都源信（公元942～1017年）著《往生要集》鼓吹净土思想，极乐往生思想才在日本真正扎下根来。此后，净土教美术再次盛行，但此时的图象与奈良时代已大不相同。大体说来，这时的净土变作品主要转为绘制来迎图，对于净土思想本身的解释也与中国的不同了。虽然净土变图样的基本形式仍取法于传到日本的中国作品，但也有一部分已是根据自己的理解来进行描绘。基于日中两国净土教美术的相异，本文拟针对佛教经说和两国（约六至十三世纪）依据佛教经说分别制作的西方净土变和来迎图进行一番比较考察。需要说明的是，在敦煌保留有相当数量的弥勒净土变和药师净土变[2]，而在日本却几乎没有；因此难以对这两种净土变作比较考察，好只舍弃。

一　西方净土变与阿弥陀来迎图

据说阿弥陀佛在向往西方净土的人们临终之际，会出现在他们的面前。这种说法，见于《无量寿经》和《观无量寿经》（以下简称《观经》），其中《观经》特别强调这一点，以此为西方往生思想的重要内容之一。作为这种说法的视觉形象，在日本特别盛行阿弥陀来迎图。如果把这种阿弥陀来迎图看作是西方净土变的一个变种，那么我们就可以把中国的西方净土变和日本独具特色的阿弥陀来迎图相提并论了。然而实际上，把日本的来迎图看作是表现经典中佛国净土的变相西方净土变的一种（详见后述），会使人感到难以捉摸。这一点首先应予注意。

在中国，特别是在唐初；在日本，则是从奈良、平安时代以来，向往西方极乐净土的人都是很多的[3]。可是，如果从绘画所表现的方式来区分，可以看到，在祈愿的表现上有两种类型。其一是愿"莲花化生"者，其二是愿"来迎接"者，然而实际上这二者之间有着不可分割的密切关系。例如康僧铠译的《无量寿经》卷下所谓"上辈"往生和《观经》所谓"上品上生"，都是依次讲"来迎接（现前）"和"莲花化生"两个内容[4]。可以认为，"莲花化生"形式的极乐往生，其前必有阿弥陀"来迎接"才能得以成立[5]。然而考察现存的绘画作品，这种在经义中联系在一起的阿弥陀"现前（来迎接）"和往生人"莲花化生"两个概念，在中国是很早以前、在日本则是自始至终都把它们分开来单独进行绘画的。大体说来，在中国是以西方净土变中的宝池化生情景来将"莲花化生"视觉化，在日本则是以阿弥陀来迎图的形式将"现前"视觉化。例如中国敦煌莫高窟第332窟（图版94）、第220窟（图版24）的阿弥陀净土变，以及收藏于印度新德里国立博物馆的阿弥陀净土变（图1）[6]，都

① 《続日本紀》卷第23天平宝字四年（公元760年）七月条载："癸丑，设皇太后七七斋于东大寺并京都诸小寺，其天下诸国，每国奉造阿弥陀净土画像"。"《大日本古文書》第5，243頁〈東大寺政所牒〉载："阿弥（脱"陀"字）净土一铺"，同书671頁〈阿弥陀悔過料資材帳〉的〈阿弥陀院宝物目録〉载："阿弥陀净土变一铺"，此皆为奈良时代西方净土信仰的证明。

② 参照松本栄一《燉煌画の研究》（東方文化学院東京研究所，1937年）付図。

③ 塚本善隆〈净土教の発達普及——特に長安を中心として——〉《唐中期の净土教》東方文化学院京都研究所，1933年，塚本善隆著作集4《中国净土史研究》所收，大東出版社，1976年）及其所著〈净土变概史〉（《仏教芸術》26，1955年）。

④ 《无量寿经》卷下所载"上辈者"，"此等众生临寿终时，无量寿佛与诸大众现其人前，即随彼佛往生其国，便于七宝华中自然化生"（《净土宗全書》1，19頁）。《观经》所载"上品上生"，"阿弥陀佛放大光明，照行者身，与诸菩萨授手迎接，观世音、大势至，与无数菩萨，赞叹行者，劝进其心。行者见已，欢喜踊跃，自见其身，乘金刚台，随从佛后，如弹指顷，往生彼国"（同书47页）。

⑤ 参照拙稿〈西方净土变の研究②〉（《日本美術工芸》492，1979年）。

图1　新德里国立博物馆藏初唐阿弥陀净土变(摹本)

⑥　Aurel ·Stein: The Thousand Buddhas. London, 1921, Pl. XI. Aurthur Walley: Catalogue of Paintings Recovered from Tun-Huang by Sir Aurel Stein. 1931, 解说 No. CDXCIX. Robert Jera Bezard et Monique Mailiard: Un Paradis d'Amitābha de la Collection Aurel Stein Conservé au Musée National de New Delhi, Arts Asiatiques. Tom. XXXII, 1976.

⑦　前引松本荣一书图像篇第1章第1節〈阿弥陀净土变相及観経変相〉。

⑧　敦煌除第217窟南壁、第171窟南、北壁等寥寥数例之外，大都没有描写九品来迎图。

⑨　第321窟南壁观经变宝池中的往生，从上品上生到下品下生，是渐次变形的。

⑩　《興福寺縁起》(《群書類従》第24辑，412頁) 五重塔条载，塔底部有四佛净土变的群像；菅家本《諸寺縁起集》元興寺五重塔条也记载有西方净土相。

⑪　"常行三昧院 (亦名般舟三昧院，在讲堂北) ……葺桧皮方五间堂一宇。……四方壁图九品净土并大师等影像……" (《群書類従》第24辑〈釈家部〉，471頁)。

以表现"莲花化生"为主。这三幅画面的中心，既不是宫殿楼阁，也不是舞蹈场面，而是宝池。此外，在敦煌⑦还有为数相当多的净土变形式的观经变，在图的下部不画三辈九品来迎⑧。比较起来，它们更着意于描绘"莲花化生"。在这些净土变的宝池内，以九品的形象相当完整地表现了"莲花化生"的内容，明确地显示了极乐往生的形式⑨。

但在日本自己的净土教绘画中，并不着意描写极乐国，而只是把"来迎接"的景象，即《观经》中有关描写"来迎"的部分加以视觉化，使人在感觉上能够把握住极乐往生的成就。这种净土变的实体就是阿弥陀来迎图。然而即使同样作为九品来迎图，日本与敦煌的也很不一样 (容后详述)。例如京都平等院凤凰堂 (公元1053年) 的壁扉画，作为九品来迎图，从上品上生到下品下生联成一体，因为与《观经》所述密切相关，所以也可以称其为经变，即表现极乐国及经典所述内容的变相。可是日本的来迎图，作为一幅完全独立的画面，却不那么容易与《观经》紧密联系起来。据善导大师 (公元613~681年)《观经散善义》卷四，《观经》所谓极乐往生，是阿弥陀及其圣众前来迎接念佛行者的灵魂，将他领到净土的宝池，然后莲花开放，这是一套井然有序的往生过程。无疑，善导大师的这种解释是敦煌九品来迎图 (第171窟南北壁观经变下部) 绘制的依据。当然它也还是依据着《观经》。应当指出，日本的来迎图，特别是一幅独立的来迎图，并不是描绘完整过程的变相，而是用"来迎即极乐往生"这样一种极简洁的形式来加以表现，从而省略去了《观经》所述极乐往生完整过程的一大部分。当然，日本的许多来迎图，所依据的仍是《观经》所云"来迎接"的思想。但应当认识到，日本的阿弥陀来迎图依据的往生思想与中国的略有不同。净土思想视觉化的相异是由于对极乐往生的认识不同而形成的。在唐代，对于体系完整的经说的变现，总是尽可能忠实地描绘，因而阿弥陀净土变和观经变始终是画面的主题。其中纵有阿弥陀来迎图，也是与莲花化生联系在一起描绘的。但在日本，更多的则是去掉莲花化生而仅仅描绘阿弥陀来迎图。

以上是就现存的绘画而言，可以认为，日本和敦煌对佛经中所述往生思想的理解是存在差异的。可是，日本形成独立的来迎图是在平安时代中期以后，在其初期则未必单独描绘"来迎"这一画面。大体来说，除去法隆寺金堂的四佛净土图和元兴寺、兴福寺四佛净土的表现可另当别论⑩，日本在当麻曼荼罗成立以来的净土变总是以西方净土变为主。而且，除织成的当麻曼荼罗之外，净土图主要画在壁面上。例如，《山门堂舍记》应永二十四年（公元1417年）跋中，就有京都比睿山常行三昧院的"四方壁图九品净土"的记载⑪。这是在传述慈觉大师圆仁（公元794～864年）把山西省五台山的念佛三昧法移至比睿山的文字中提到的，从中找不到可以把这幅壁画解释为九品来迎图的任何根据。直到以庆滋保胤（？～公元1002年）《日本往生极乐记》开始的平安时代六部十卷《往生传》之中，才有"期九品"、"望九品"的说法⑫。这种说法不仅意味着从上品上生到下品下生的九品阶位，而且"九品"甚至意味着"西方"；似乎在"净土"二字上冠以"九品"一词，就可以理解为西方净土了。在前引《山门堂舍记》所记"九品净土"之后，还有一段使人联想起有名的天竺鸡头摩寺五头菩萨故事⑬的文字⑭。现身往生极乐国，其情景即在眼前。而且亲闻水鸟树林念佛之声。在《日本往生极乐记》以后的诸《往生传》的记述中，在现身往生极乐国之前，还提到受圣众来迎"。所谓"亲闻水鸟树林念佛之声"，当是指《阿弥陀经》所说在极乐国有众鸟宣唱法音⑮。"亲闻水鸟树林念佛之声"的文字，是记述现身在极乐国的情景，而把极乐国的声音加以音乐化，以供"常行三昧"之用。其意义是说，在常行堂内可以在想象中亲自化生极乐国，听闻极乐国的妙音。常行三昧院内四壁的图画，自与来迎的情景不合，而是以极乐国的宝池为中心的。

根据以上分析，可以想象比睿山常行堂内的九品净土图是以描绘莲花化生景象为主的净土变。实际上，以后所建的西常行堂内也画的是极乐净土⑯。这些都没有超出中国中原地区和敦煌壁画的格局。

二 《无量寿经》和早期的阿弥陀净土变

总的来说，中国早期的阿弥陀净土变以表现《无量寿经》二卷以及属于此经系统诸异译本中所述的化生情景为主⑰。例如，现收藏在美国弗里尔美术馆的南响堂山石窟阿弥陀净土图（浮雕，图2）即属此类⑱。这幅净土图上有三个宝池，最主要的是中间的宝池。在这个宝池里，香炉周围有四种化生人，虽同在莲花中化生，但莲花分全开、半花、未开三种。坐在全开的莲花上的两个往生者是上辈，半开的是中辈，未开的是下辈，以此在窟壁上明确地表现了极乐往生者相互间的差异，即上中下三辈的区别⑲。本来，作为宝池往生的前一阶段，有阿弥陀"现前"的内容。可是，《无量寿经》并不像《观经》，那么强调"现前（来迎接）"，倒是更注意所谓"化生"或"胎生"的问题。

《无量寿经》卷下有"彼国人民有胎生者"的话⑳，接着是："世尊，何因何缘，彼国人民胎生化生？"看来，所谓"化生"、"胎生"是相对的

图2 弗里尔美术馆藏南响堂山石窟第2窟北齐浮雕阿弥陀净土变（摹绘）

⑫ 《拾遗往生传》卷上经邈上人条："望期九品"；《後拾遗往生传》卷上胜尾寺座主胜如条："为望九品利六道也"。这里的"九品"就是西方净土，"六道"意为地狱。

⑬ 这个故事很有名，也见于中国的往生传，详见道宣《三宝感通录》卷中之三十七，谓长安寺壁正面，画有此一佛五十菩萨之像。见长廣敏雄〈長安の寺塔と壁画（隋朝篇）〉（《美術史》2，1950年）。

⑭ "……昔斯那国法道和尚入定，现身往生极乐国，亲闻水鸟树林念佛之声。和尚出定以传彼法音，流布五台山……"。

⑮ 《阿弥陀经》："是诸众鸟皆是阿弥陀佛欲令法音宣流变化所作"（《净土宗全書》1，53頁）。这个说法，当为所据。

⑯ "西常行堂……，延长五年二月，静观僧正于四面柱令绘极乐净土"（《山门堂舍记》）。

⑰ 拙稿〈西方净土変の研究④～⑧〉（《日本美術工芸》494～8，1979～1980年）。

⑱ 水野清一・長廣敏雄《響堂山石窟》（東方文化学院京都研究所，1937年）。

⑲ 拙稿〈西方净土変の研究⑤〉（《日本美術工芸》495，1979年）。

⑳ 译者按，原引皆为岩波文庫本《净土三部経》现代日语译文，译成中文时，皆改引汉译佛经原文。

㉑ 岩波文库本《净土三部经》卷下，122頁の⑩。

㉒ "临寿终时，无量寿佛与诸大众现其人前，即随彼佛，往生其国"（《净土宗全書》1，19頁）。

㉓ 《天量寿经》卷上："彼诸菩萨及声闻众，若人宝池，意欲令水没足，水即没足，欲令至膝，即至于膝，欲令至腰，水即至腰，欲令至颈，水即至颈，欲令灌身，自然灌身，欲令还复，水辄还复"（《净土宗全書》1，16頁）。是说化生于极乐国宝池的人，可在其中自由行动。可以认为，左、右宝池中的往生者，就是在池中化生的人。

㉔ "……彼国菩萨承佛威神，一食之顷，往诣十方无量世界，恭敬供养诸佛世尊，随心所念，华香、伎乐、缯盖、幢幡，无数无量供养之具自然化生，应念即至……奉散诸佛、菩萨、声闻、大众，在虚空中成华盖……其诸菩萨，金然欣悦，于虚空中共奏天乐，以微妙音，歌叹佛德，听受经法，欢喜无量，供养佛已，未食之前，忽然轻举，还其本国"（《净土宗全書》1，22頁）。

概念。而且在初期的《无量寿经》中，上辈作"化生"，中、下辈作"胎生"。在考察西方净土变时，"化生"和"胎生"是两个重要的概念。又，在《观经》第十一观"势至想"处，说"作是观者不处胞胎"。"胞胎"是在母胎内时包裹着的胎膜，意味着"胎生"。㉑。在《无量寿经》中言道："作诸功德，信心回向，此诸众生，于七宝华中，自然化生，跏趺而坐"，与这个句子相对应，谈到"胎生"者，则谓："生彼宫殿，寿五百岁，常不见佛"。在《观经》中没有讲到这种"胎生"。《无量寿经》卷上所说阿弥陀四十八愿的第十九愿，是临终现前之愿，同经卷下述及三辈中的上辈时，也说这种成就㉒。《无量寿经》所说"现前"的思想，虽对西方愿生者十分重要，但在中国却特别着重于细致描绘净土变宝池中诞生的往生者。可以认为，这种思想的背景，首先是《无量寿经》中的"化生"及"胎生"的概念。

这个浮雕上，靠右的宝池里有一人弯腰而行，水浸没至腹部。在左边的宝池里也有一人，腹部浸没水中，另外还有两只水鸟和莲花。据《无量寿经》卷上，两者都是化生于极乐国宝池的人㉓。在宝盖上方，左右各有一剃发、合掌的童子，坐在莲花之上浮在空中。很明显，这不是菩萨，它的旁边是与童子作对话状的如来形象。在左右上方，刻有乘云的菩萨。这是《无量寿经》卷下所谓生于此国的菩萨，承佛之力往十方世界供养诸佛而归还净土。并且，还表现出花香、伎乐、缯盖、幢幡等皆可随意生出的情景㉔。浮雕的主尊不结转法轮印，前面靠右菩萨的宝冠上有化佛，左边菩萨的宝冠上有水瓶。有人把这个浮雕含糊地称为"极乐净土变"，实在不如干脆称之为"阿弥陀净土变"，可以认为它是按《无量寿经》描绘的。主尊的衣着残留着红色，树叶、莲台也残存粉绿或红色；可以肯定，这是原来色彩相当华丽、图像设置十分完备的阿弥陀净土变。

这样一铺十分完备、忠实于经意的阿弥陀净土变，在北齐时代就已出现，这是令人惊异的。日本法隆寺金堂第6号壁的阿弥陀净土变（图3）与南响堂山的浮雕相同，也是首先表现了"化生"和"胎生"。在大莲花

图3 法隆寺金堂第6号壁(烧毁)阿弥陀净土变(摹本)

图4 莫高窟第332窟东壁初唐阿弥陀净土变(摹本)

図5 弗里尔美术馆藏唐永隆二年（公元681年）造像碑浮雕阿弥陀净土变

座的左右下方，描绘着小小的幼儿。可是他们如同母腹中的胎儿，被未开的莲花包裹着。这大概是表现"胎生"的吧？在支撑着主尊莲座的莲茎上，还有一菩萨在大莲花上结跏趺坐。这个化生菩萨正在说着什么；他面对观者，两手叠在胸前似结定印，其形象与天盖两端的二菩萨大致相同。在画面的下方，如同母子对话一般，菩萨与剃发的幼儿两两相对，刚好是四组，都坐在开放的莲花之上，这虽然是表现往生者化生的一般手法，但可以说，它以菩萨与幼儿两种不同的形象描绘了往生者的不同形态。

　　法隆寺第6号壁与敦煌莫高窟第332窟在图像上的类似，以往学者已多有论述[25]。至于其依据的经典，我已经说过，是《无量寿经》二卷或属于此经系统的佛经[26]。在第332窟东壁（图4，图版94），可以看到表现这种化生往生的早期形式，还处在不够完备的阶段。第332窟画着五十个往生者同作菩萨形象分布于同一个宝池的水面上。此外，还画有一化生、二胎生的形象。图上有一株几乎布满整个画面的莲花。这同一株上有众多的分枝，枝端莲花上分别坐有阿弥陀三尊和往生人。与法隆寺的第6号壁相同，在主尊莲座的左右下方蹲着由未开莲花包裹着的婴儿。在这株莲花如大树一样的莲花花茎主干的中央部分，画有一正面的化生菩萨。未开莲花中的胎生二童子与正面化生者的位置关系，也与法隆寺金堂第6号壁相同。此图被称为一佛五十菩萨图，可是严格地说，它应被称作阿弥陀三尊五十菩萨一化生二胎生图。如果仅就宝池内的往生人而论，可以把它看作法隆寺壁画的先驱。可是第332窟的图中，在阿弥陀的天盖以及虚空中还没有画飞行的往生人，并且往生人的菩萨形与童子形也未作区别。与法隆寺壁画相比，它还处于未完备阶段。可是这两幅壁画皆以宝池内往生人的"一大众会"[27]为主题，可以认为，这两幅壁画属于完全相同的类型。

　　前面说过，日本通过描绘来迎图使往生思想视觉化，而中国则以描写莲花化生等来理解极乐往生的成就。众所周知，在天龙山石窟的第9窟和龙门石窟的第9洞，也发现与莫高窟第332窟的图似相类属的图案[28]，这种被认为是只表现莲花化生的石造浮雕，在弗里尔美术馆还保存着一件。它有唐代永隆二年（公元681年）的铭文（图5）[29]，中央为阿弥陀坐像，左右各配有四尊化生菩萨，相当简略。不过，阿弥陀、观音、势

㉕　瀧精一〈法隆寺金堂壁画に就いて〉（《国華》，1916—8·9），沢村専太郎〈尉遅派の絵画に就いて〉（《美術写真画報》，1920—2）。松本荣一的前引书。《法隆寺金堂壁画集》（便利堂，1951年）田中一松的解说。

㉖　拙稿〈西方浄土変の研究⑧〉（《日本美術工芸》498，1980年）。但是春山武松《法隆寺金堂壁画》（朝日新聞社，1947年）认为，第6号壁阿弥陀净土变是表现三辈往生，与其说根据《観経》）不如说是根据《无量寿经》）。

㉗　关于"众会"，吴译《阿弥陀经》二卷及汉译《无量清净平等觉经》四卷，有如下文字，与第332窟、法隆寺金堂第6号壁相仿佛："……佛语阿逸菩萨言，诸八方上下无央数诸天人民比丘僧、比丘尼、优婆塞、优婆夷，其往生无量清净佛国，众等大会，皆共于七宝浴池中，都共人人悉自于大莲华上坐，自陈道德行善"（《净土宗全書》1，88頁、127頁）。

㉘　参照水野清一·長廣敏雄《龍門石窟の研究》（東方文化研究所，1941年，同朋舎，1980年），34頁及注12，13。关于天龙山石窟第9窟，参照前引松本荣一的书，图像篇，挿図132。

㉙ 据前引《龍門石窟の研究》,龙门第9洞是唐永隆元年(公元680年)建造的。弗里尔美术馆所藏石造浮雕的铭文,上段:"卢逮香男公/则公意一心供养/香妻孙女先/玉男仵良供养";坛基正面至左侧面:"惟大唐永隆二年岁次/辛巳二月辛丑朔八日/盖闻如来政教润益/哈灵济度群生皆超/彼培然今佛弟子卢/公则弟公意弟仵良/妹先王等同发心为亡父见存母孙及七代/先亡敬造阿弥陀像一/区金桩琬洒显出身/容匿景华台湛然虚/净亡为天皇天后/下及法界众生一切/有形同登正觉";左侧面:"公则妻偻长女贵孃亡女宋仵/公意妻杨亡男元真见存男/元亮小亮一心供养佛/仵良妻贺女婆须供养"。

㉚ 观音、势至所持之物及化佛等,均不正确。

㉛ 同②,付图126b·127b,新德里国立博物馆本为127a。

㉜ 关于吉美美术馆所藏二件的解说;另见 Mission Paul Pelliot. Tom. XIV, Bannières et Peintures de Touen-Houang, conservées au Musée Guimet, Paris, 1970.

㉝ 参照长廣敏雄〈敦煌の净土図と智光曼荼羅〉(元興寺仏教民俗资料刊行会,《智光曼荼羅》学术书出版会,1969年)。

㉞ "华林园中有大海,即汉天渊池。池中犹有文帝九华台。高祖于台上造凉涼殿,世宗在海内作蓬莱山。山上有仙人馆,上有钓台殿,并作虹霓阁,乘虚来往,……海西南有景山殿。山东有羲和岭,岭上有温风室。山西有姮娥峰,峰上有露寒馆,并飞阁相通,凌山跨谷。……"又,"皇帝驾龙舟鹢首,游于其上"。西禅院本所绘宝池内的情景,当即为此。

至和化生菩萨㉚,皆坐在同根所生的莲花上,其姿态各异。阿弥陀不是结所谓转法轮印,而是右手结与愿印,左手似作触地印,五指向着莲台。然而从下部铭刻可知,这身主尊是作为阿弥陀而被造立供养的。可以说,这是比莫高窟初唐第332窟更简略的表现"莲花化生"的作品。此外,表现同样主题的知名的作品,在敦煌的遗物中还有三件。其中两件现藏巴黎吉美美术馆,另外一件藏于印度新德里国立博物馆,在松本荣一氏的《敦煌画的研究》中都有记载㉛。松本把吉美美术馆所藏的一件称为"莲上孩儿图"、另一件称为"莲上菩萨图"㉜。他称之为莲上孩儿者,以3∶3∶1的比例在一株同根分枝莲花上画七个幼儿。在第一层的中间画一幼儿,像救世主一样伸出两手,与两侧同样姿态的幼儿手拉手。他们的姿态、发型、服装完全相同。画面第二层的位置上是演奏乐器的孩儿。正面的孩儿击拍板,右侧的吹笙,左侧的吹箫。最上层的形象,上半身已残缺,情况不明。莲花正在开放。莲上菩萨图也画一株莲花,像蔓草花一样伸展着,在开放的莲花上有作出不同姿态的五尊菩萨,确实是一幅莲花化生菩萨图。德里博物馆藏本画有坐在蔓生莲花上的五尊菩萨,各结不同印相。在图的下部,画着宝池中涌起的水波,一朵小莲花上有一幼儿,伸臂踏足而舞。莲上菩萨图的下部画有勾栏,图底部也有勾栏,这是许多西方净土变所常见的。这三幅图所依据的是什么经典,还没有弄清楚,大概不会是正统的净土经,或许是随意摭取《无量寿经》、《观经》所说莲花化生的内容绘成的作品。可以说,它们是早期阿弥陀净土变中派生出的莲花化生图;在日本,则如本文开头所说,从阿弥陀净土变中派生出了阿弥陀来迎图。

三 日本的阿弥陀净土变

日本的阿弥陀净土变有两类。一类与来迎图相同,似按日本独特的理解而描绘;另一种基本上遵循中国的格式,只是在小的地方稍有改变。前者无视中国所恪守的左右对称的整体布局,从而在整体构图上与中国的净土变相异。在莫高窟第321窟(图版54)北壁、第199窟北壁、第152窟南壁等敦煌净土变中,都将西方三尊置于全图的中心,宝池画在下方作俯视,宫殿楼阁在上方,作仰视。然而按日本独特解释绘制的净土变,画面构图均作俯瞰或鸟瞰。凤凰堂后壁所描绘的净土图就是这样的。这是依照大和绘的特色而描绘的。

与此相反,西禅院、奈良国立博物馆、元兴寺极乐坊等处的几种净土变㉝,实际上依据的是中国形式。它们都以三尊居于中心位置,把楼阁画成仰视,宝池会则作俯瞰的描绘,何等忠实地遵循了中国阿弥陀净土变的画法!如果再看一看这些宫殿楼阁的内部,就会更加清楚。例如西禅院本(图6)上所画后部的楼阁,似乎都由回廊连接着。如果仔细观察,可以看到是由回廊分楼阁为内外。中央的主楼与左右高大的胁楼在回廊的前面,耸立着的八角重层塔在回廊的后面。而且这些八角重层塔与回廊前面的左右胁楼,由高高架起的弧形桥连接在一起。以桥连接伽蓝的情景是否取自唐代现实的建筑,还难以断定;但《洛阳伽蓝记》卷一的"华林园"条记载,曾在王宫内大池之中建有各种楼台殿阁,而连接它们的正是虹霓阁㉞。所以,西禅院净土图中虹形飞桥,并非凭空想象,至少是北魏华林园现实式样的反映。这是以皇宫,特别是以中国皇室贵族的宫廷生活环境为依据的。在同书卷三的"景明寺"条中描写该寺时，有"青台紫阁，浮道相通"的文字㉟。诚然，这些文字可以直接用来形容西禅院本的楼阁图㊱。然而在敦煌的西方净土变中，要寻找与西禅院本相同样式的楼阁却是相当困难的。敦煌的西方净土变作品中，在西方三尊位置的正后方广场上有主楼，虽然它确实凸出于回廊之前，但除第199窟之外，其它楼阁皆成为回廊的一部分，而并不独立存在，图中几乎看不到有连接楼阁的虹桥。

　　西禅院本三尊位置的前后都画有宝池。在莫高窟第444窟㊲等初盛唐的净土变图中，三尊位置或由宝池包围，或由宝池夹其前后。三尊在画面中是相对独立的。这或许是以宝池为中心的净土变的遗风。但到了中晚唐，三尊位置与宫殿楼阁连成了一片，阿弥陀三尊被置于宫殿前的广场中，其例如第194、152窟。奈良国立博物馆本就是这种样式（图7），而佛、菩萨的描绘方法又有了新的特点㊳。另外，元兴寺极乐坊的版画本（图8）上，三尊也是在宫殿前的广场中。其基本形式与奈良博物馆本一致。不过，在版画本的舞乐画面中演奏的乐器里发现有变型乐器。迦陵频伽演奏的不是箜篌，而是箜篌的变型乐器㊴。值得注意的是，这种乐器在密教曼荼罗中有，后来在高野山阿弥陀圣众来迎图中所画菩萨的持物中也有发现。它与箜篌相比，弦数要少些，首部有三钴。而自高野山阿弥陀圣众来迎图以来，在许多与密教没有关系的来迎图上，这种变型箜篌也被作为手持物来描绘。如安养寺、安乐律院、知恩院、遍明院、新知恩院、净福寺、小童寺等的诸本净土变，都画有演奏这种箜篌的菩萨。

　　《新唐书》卷二十一《礼乐志》介绍高丽伎时，说箜篌有凤首箜篌、卧箜篌、竖箜篌三种㊵。竖箜篌也传到日本，见于正仓院文物之中。这

㉟ "……复殿重房，交疏对霤，青台紫阁，浮道相通，虽外有四时而内无寒暑……"。

㊱ 有趣的是这句话："虽外有四时而内无寒暑"，是说景明寺内不知寒暑，与《无量寿经》卷上极乐国的描述相适应。可以认为是取自该经所述："……又其国土……亦无四时，春秋冬夏，不寒不热，常和调适"。恐怕《洛阳伽蓝记》中这段文字是根据《无量寿经》而写的，事实上是按照了《无量寿经》所述的次序，即先讲佛国的概观，然后再讲气候；所以先讲景明寺的寺观，然后再讲无有寒暑等。

㊲ 冈崎敬〈大谷探检队と敦煌莫高窟〉（西域文化研究会编《敦煌仏教资料》，西域文化研究第1，法藏馆，1958年）。

㊳ 拙稿〈西方净土变の研究⑬〉（《日本美术工艺》503，1980年）中论到，从佛、菩萨的脸形的画法来看，奈良国立博物馆所藏传清海曼荼罗的佛、菩萨是新的样式。

图6　西禅院藏平安后期（十二世纪前半叶）阿弥陀净土变（摹本）

图7　奈良国立博物馆藏平安后期（十二世纪前半叶）阿弥陀净土变（摹本）

图8 元兴寺极乐坊藏镰仓前期(十三世纪前半叶)阿弥陀净土变(摹本)

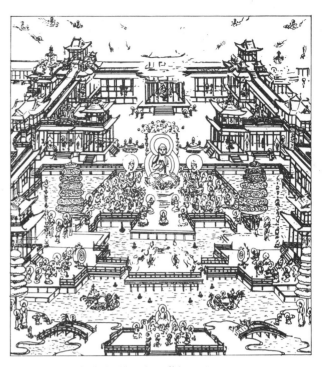

图9 知恩院藏镰仓后期(十三世纪后半叶)阿弥陀净土变(摹本)

㊴ 亀田孜〈智光変相拾遺——付,智光伝及び智光曼陀羅関係資料抄〉(《東北大学文学部研究年報》2, 1951年)。

㊵ "高丽伎,有弹筝、挡筝、凤首箜篌、卧箜篌、竖箜篌……"。

㊶ 岸辺成雄《唐代音楽の歴史的研究》上下(東京大学出版会,1961年),岸辺成雄·林謙三編《唐代の楽器》(音楽之友社,1967年)。

㊷ 天竺伎也使用凤首箜篌。据岸辺氏的《唐代の楽器》,凤首箜篌属印度系统。

㊸ 奈良时代制作的织绣原本的下缘,在平安时代结束时已经完全磨损,其原来图样已不可考。现存当麻曼荼罗下缘的九品来迎是相当于镰仓时代的作品。

在莫高窟第152、192、321诸窟西方净土变以及日本西禅院本、奈良博物馆本当中均可发现,说明它在中国曾广泛流行。凤首箜篌是弓形竖琴,经龟兹传到中国内地㊶。日本密教曼荼罗中金刚歌菩萨所持箜篌的顶端不是凤首,而变成了三钴,形状较小,弦数也少,看来与凤首箜篌仍属同一系统㊷。至于卧箜篌,无论在西方净土变中还是在日本的来迎图中都没有发现过。

在敦煌的西方净土变和西禅院本、奈良博物馆本净土变中,都绘有竖箜篌,而在密教曼荼罗上则换成了形状稍异的箜篌,并且影响到了阿弥陀圣众来迎图,这都有助于说明镰仓时代元兴寺本的历史地位。知恩院本与奈良博物馆本大同小异,但显然有了细微的变化(图9)。这变化不仅表现在演奏乐器方面,宝池也多用敦煌净土变所不见的洲浜形式,最重要的是:知恩院本的画面全部采取鸟瞰的角度。在敦煌西方净土变画面上,后部宫殿楼阁轩下的椽子等组合结构都可看得清清楚楚。这是由于采取了仰视的画法。西禅院本,还有奈良博物馆本、元兴寺本,在这一点上与敦煌相同,而到知恩院本,其透视法已发生变化,可以说它是日本化了的阿弥陀净土变。

四 敦煌和日本的阿弥陀来迎图

阿弥陀来迎的思想,在《无量寿经》中虽有记载,但表现得更突出的是《观经》。如前所述,日本的阿弥陀来迎图与其说是直接依据《观经》,不如说是以惠心(十至十一世纪)的往生思想为背景。就连基本上依据着《观经》的当麻曼荼罗,其下部的九品来迎图㊸,也与敦煌的例如第171窟南北壁下部九品来迎图不一样。当麻曼荼罗的上品中生图(图10)描绘的是阿弥陀三尊八菩萨来迎接僧人行者的情景,而善导大师的《观经散善义》卷四,对上品中生之相却分为八个层次进行解释。

图10 西福寺藏镰仓后期(十三世纪后半叶)当麻曼荼罗来迎图上品中生

图11 莫高窟第431窟南壁初唐来迎图上品上生(摹本)

然而逐一考察这些记述时，我们会发现其内容的每一部分都有依次重复的地方㊹。而这种重复记述，使人想起"异时同图"的表现方法。例如，莫高窟第431窟南壁初唐的上品上生图（图11）㊺。画面中央有一栋房屋，其内有一僧拱手。在他的前面，有观音、势至同持金刚台，立于屋内迎接。看样子，观音、势至是从其背后阿弥陀和比丘形象者所乘云上下来的。此后，屋内僧人的头上升起了云，其前有阿弥陀三尊和比丘，表现了此僧往生净土的情景。从此图可以看到阿弥陀、观音、势至以及其他登场者都出现了两次。上品中生图（图版37）除了没有比丘形象之外，皆与上品上生相同。但上品中生图与当麻曼荼罗不一样，往生者是俗人。第171窟南北壁的九品往生图各个描写了往生的过程。这种异时同图法，为佛传图中所未见。如给以简单的定名，可称做古代的异时同图法。它与《观经散善义》卷四以及与《观经》的说法有着密切的关系。

然而，当麻曼荼罗的上品中生图与以上所举的敦煌壁画颇不相同。只要把它与西山善峰寺沙门证空《当麻曼荼罗注》㊻的叙述加以比较，就十分清楚㊼。《当麻曼荼罗注》如实地叙述了当麻曼荼罗的九品来迎图，这个叙述可以说与《观经散善义》无关，也未必是《观经》的原意。中品上生图描绘阿弥陀三尊及五比丘迎接合掌之僧。这是最早描绘"归来迎"内容的。《当麻曼荼罗注》明确地称之为"归来迎"㊽。从文理来看，《观经》中除去中品下生和下品下生之外，对它各品都讲述归来迎的内容，但在关于中品上生的文字中却不见有如上品上生的"随从佛后"的话㊾。在当麻曼荼罗中描绘了《观经》所没有积极表现归来迎的中品上生之相，却表现了归来迎的内容。另外，平等院凤凰堂的壁扉画也没有在一幅图上描绘"来迎"往、还两个方面的内容，上品下生图也只是表现了"归来迎"的奇妙情景。

概括而言，如前所述，离开惠心僧都源信的思想，便无从谈起日本

㊹ 八个层次的三、四、五部分是解释关于来迎部分的。以下是对这三部分的更加细致的分类："三从行此行者，下至迎接汝，已来正明弥陀与诸圣众持台来应，即有其五"，接着一一说明："一明行者命延不久"，"二明弥陀与众自来"，"三明侍者持台至行者前"。其四是："四从与千化佛，下至七宝池中，已来正明第九门中众圣授手，去时迟疾，即有其五"，一一加以说明："一明弥陀与千化佛同时授手"，"二明行者既蒙授手，即自见身已自坐紫金台上"，"三明既自见坐台，合掌仰赞弥陀等众"，"四明正去时迟疾"，"五明到彼止住宝池之内"。其五是："五从此紫金台，已下正明第十门中到彼华开时节不同"。请注意，对阿弥陀及圣众来迎和接受来迎的往生者的行动，在描写上是时时重复的。其中第四部分所云第九门、第五部分所云第十门，是指《观经散善义》开头："就上辈观行善文前总料简即为十一门"中的第九、十门。引文见《净土宗全書》第2卷，62，63頁。

㊺ 此窟本为北魏窟，南壁下方的来迎图为初唐作品。参照松本荣一书，图像篇，第1章第1节，33頁。

图12 法华寺藏平安后期(十二世纪前半叶)
阿弥陀本尊图(阿弥陀三尊与童子图)

图13 知恩院藏镰仓后期(十三世纪后半叶)
阿弥陀二十五菩萨来迎图(早来迎)

㊻ 此书很可能是伪书。

㊼ "有二阶宫殿，下阶有缘，二阶内上下皆空也。有渡廊。宫殿重阶有二。宫殿内僧一人，披经读之，前经机置经，有佛、菩萨、声闻来迎。佛有二道光，照持经者僧。化佛十体有空"（《大日本仏教全書》63，36頁）。所述为上品中生的图相。

㊽ "佛与声闻归来迎，佛与声闻众来迎，二道光明，照宫殿中持经者。宫殿中有僧，披经说之。"（同注㊼书，38頁）

㊾ 泷上寺存有上品上生、上品中生及下品中生三幅图，其上品中生图描绘来迎和归来迎两种内容。上品中生也没有"随从佛后"的话。

的来迎图。然而，惠心的《往生要集》与善导大师的《观经四帖疏》的显著不同，就在于它不是解释一部《观经》，而是择取一切经中与极乐往生有关的文字，陈述惠心自己关于极乐往生的思想。实际上，惠心所注重的往生的方法，在于一心观想阿弥陀一佛。这个方法在惠心之后于念佛行者之间一脉相传。现存早期的阿弥陀来迎图，如奈良法华寺的阿弥陀三尊图（图12）那样，都是在图中以正面像形式把阿弥陀佛画得很大。这种正面构图的阿弥陀来迎图，成为一大潮流，直到后世仍占有重要地位。不消说，在这里没有发现所谓异时同图法那样的作品。

综上所述，日本的阿弥陀来迎图虽也描绘九品之相，但未必是忠实表述《观经》的内容。这亦可就一幅斜线构图的来迎图来说明。确实，在很多画面上或者描绘了受来迎的人，或者只是使人想象到他的姿态，例如只画了用桧皮葺顶的房子。可是，虽有来迎，却并无归去，在这里只有极乐往生的想象。这是因为：一方面，它并不是描绘《观经》所说的神变；另一方面，这与日本独特的"迎讲"仪式有关㊿。日本很多来迎图是作为"迎讲"念佛会的本尊图而被特别绘制的。此后甚至绘制了与讲众二十五人之数相合的二十五菩萨来迎图。此外，虽然保存下来许多种来迎图，但它们与《观经》所说的往还都没有关系，也很难说它们反映的是往生经过的神变。例如京都知恩院有俗称为早来迎图的阿弥陀二十五菩萨来迎图（图13），在作为往生者出场的僧人面前，经几上放着八卷经，大概是《法华经》。在念佛行者之间长期以来因袭着重视《法华经》的传统㉛。这一点，在平安时代《日本往生极乐记》以来，包括《本朝法华验记》在内的诸往生传中，都得到了如实的反映。在这些往生传中，有关念佛行者诵读《法华经》而往生西方净土的故事，是不胜枚举的。

以上简单地说明了由于日中两国往生思想的相异，必然产生不同的净土教美术的这一事实。日本的净土教绘画首先从学习中国出发，此后逐渐日本化，并产生了阿弥陀圣众来迎图这种独特的作品。它与中国以反映《无量寿经》、《观经》所说的化生为主要图形的变相不同，其背景是日本独特的往生思想，把阿弥陀佛的来迎看做是可以感觉到的极乐往生成就。

⑤ 所谓"迎讲"不是正式的佛教仪式，而是不问上下贵贱，以各种形式举行的念佛讲(译者按，念佛会之类)。这种念佛集会，是由讲众决定时日，共同合力，以观想极乐往生为目的。惠心和庆滋保胤举办的念佛讲，每月十五日彻夜读《阿弥陀经》，念阿弥陀佛，此后产生了把三五夜之月比做阿弥陀的山越阿弥陀图那样特殊的作品。此外，永观举办的念佛讲也有名，据说永观往生之际，用菩萨装束20具，讲众异口同声来唱和念佛及赞佛。兴福院的阿弥陀圣众来迎图画出了使人联想到念佛讲情景的菩萨群体。又，惠心和保胤所举办的"迎讲"，讲众限于25人。在念佛行者之间的念佛讲特别注重实践，要求祛除病人对死的恐怖，使人于现世达到对极乐往生的观想。

⑤ 乍看起来，把阿弥陀的来迎与《法华经》联系起来有些奇怪。但源信所撰《横川首楞厳院二十五三昧起請》中，首先讲："一可以每月十五日夜修不断念佛事"，第二，谓"一可每月十五日正中以后念佛以前讲《法花经》事"(《惠心僧都全集》第1卷)。念佛以前讲《法华经》可以证实，称做"二十五三昧会"的念佛讲的集会中，《法华经》占有重要位置。

图版说明

万庚育　孙儒僩　李其琼　欧阳琳　霍熙亮　关友惠　马世长

初　唐

（公元618～712年）

1　第204窟　西壁龛内北侧　菩萨（部分）

第204窟主室覆斗形顶，西壁开一龛，双层龛口。龛内塑一跃坐佛、二弟子、四菩萨。塑像均经宋代和清代重新妆修。主尊火焰背光两侧各画飞天与骑龙天人，龛壁还画有二弟子、八菩萨、婆薮仙、鹿头梵志等。飞天与骑龙天人图中，流云飞动，与隋代龛顶的装饰有相近之处，但艺术上更为成熟。外层龛口内南侧上部的两身菩萨为美丽的女性形象，宛如两位言谈嬉笑的少女。窟顶四披画千佛，南、北壁千佛中央画说法图。藻井画飞天莲花井心。图为外层龛口内北侧的菩萨塑像，高2.11米。此像虽经后代妆修，但原作精神犹在。体型虽然略显粗壮，但比例已趋适度。脸庞丰润、眉目含情，从肩膀到胸脯都显得丰满，造型粗中有细。虽尚存隋代遗风，但唐代丰肌秀骨的特点已经具备。

2　第375窟　西壁南侧　逾城出家
3　第375窟　西壁北侧　乘象入胎

此窟前室、甬道现存皆五代壁画。主室平面方形，覆斗藻井顶，饰石榴莲花井心，垂角帷幔与伎乐飞天十身铺于四披，四披画千佛。西壁开一平顶方口龛，龛内塑一佛二弟子四菩萨，均经清代重修，背光火焰纹，两侧各画菩萨三身，下方为婆薮仙、鹿头梵志。龛顶画飞天九身。龛口外沿画花串边饰。龛外南北两侧上部分别画逾城出家、乘象入胎，中部画菩萨各一身，下部画供养人。南北两壁画千佛，中央各有说法图一铺，下部画供养人。东壁门上画千佛，门两侧各画天王二身，下部五代画供养人。图中龛外北侧的乘象入胎是佛传故事之一，说佛为菩萨时，于四月八日凌晨，乘六牙白象离兜率天宫，赴摩耶夫人处投胎。是夜，摩耶夫人梦见空中大放光明，诸天圣众散香花作伎乐，菩萨乘象，自虚空而来，从右胁入身，即觉怀孕。这个情节在莫高窟最早见于北魏洞窟，隋代绘制较多，唐初亦有，但已渐少。此处乘象入胎，画菩萨于六牙白象背上作游戏坐式，大象四蹄各踏莲花，两身伎乐天弹奏琵琶、箜篌，紧随身后。二飞天腾于空中散花供养。二天人合掌，在前引路，画面气氛宁静。逾城出家是说菩萨降生净饭王家为太子时，至十九岁，立志出家。其时身放光明，遍照天宫。诸天见此光明，由天宫下来见太子，恭请出家，并使神力使宫官、眷属沉睡不醒，使车无声、马不鸣，城门自开，天神捧马四足。于是太子乘马而去。与图3对称，在西壁南侧画太子戴三珠冠，在马上双手紧握缰绳，上身微前俯。坐骑奔驰，四名童子飞天托举着四蹄。画面动感较强，表现出太子夜半逾城，一心出家的急切心情。这两幅以土红为地色的壁画，在构图、着色和形象刻画上保留着的前代遗风，初唐洞窟中已不多见。

4　第375窟　南壁下部　女供养人

图中的女供养人，各由一身主妇及随从侍童、侍女成为一组，排作横贯壁面的长列。主妇皆头梳高髻，内穿圆领窄袖小衫，外套半袖裙襦，裙腰束胸，裙长曳地，披帛自双肩绕臂垂于体侧。这种服饰，能充分显示妇女体态身姿的修长与窈窕，在当时曾大为流行。近年在陕西省乾县发掘唐代陵墓壁画所见，与此完全一致。

5　第341窟　北壁　弥勒经变（部分）

此窟前室、甬道存五代壁画，北壁表层剥落处可见底层唐画千佛。主室覆斗顶，饰团花云纹藻井，四披画千佛。西壁开一平顶敞口龛，龛内塑一佛二弟子四菩萨，均经清修。龛内两侧，南侧壁画维摩诘经变中文殊及从众、佛弟子优婆离、罗睺罗等。北侧壁画维摩诘经变中维摩诘及从众、佛弟子舍利弗、目犍连、须菩提、富楼那。龛顶画法华经变见宝塔品。龛外两侧各画赴会佛一铺，龛下五代画底层有唐画供养人残痕。南北两壁各画西方净土变或弥勒经变一铺。东壁门上画说法佛一身、八臂观音二身、供养菩萨十身、五代画飞天一身。门南、北侧各画说法图一铺，其下画供养人。图为北壁弥勒经变上部中间，画八角形殿堂一座，两侧各有两重楼阁，堂、阁之间有弧形回廊相连。弥勒上生经谓："尔时兜率天上，有五百亿天子，……为供养一生补处菩萨故，以天福力造作宫殿。"图中建筑即此兜率天宫。

6　第341窟　北壁　弥勒经变（部分）

弥勒经变的左侧，两座平台之间有小桥。小桥与平台连接处的望柱升高而形成一座四柱的亭台式建筑，其顶上又构成平台，并有三、四伎乐在内演奏。这是歌台舞榭的萌芽形式。

7　第401窟　北壁东侧　供养菩萨

此窟始建于隋。前室、甬道均存五代壁画。主室覆斗顶，莲花飞天藻井，四披画千佛。西壁开一双重口龛。龛内隋塑一佛、六菩萨，业经清修。龛下初唐画菩萨十身。北壁龛内塑普贤乘象及二菩萨，龛下初唐画说法图一铺，两侧存菩萨五身。南壁龛内隋画交脚菩萨一身及二菩萨，龛下初唐画阿弥陀佛一铺及男、女供养人四身，菩萨六身。东壁除隋和五代壁画外，门上和门两侧有初唐画说法图，下部画菩萨四身。图为北壁的供养菩萨。有些颜料虽已变色，但仍可看出当年赋彩的华丽。此菩萨身材修长，腰肢微作"三曲"（"S"形）之势。璎珞耳环，肩饰巾带；风吹仙袂，佩环丁当。

8　第57窟　窟室内景

此窟前室、甬道存晚唐重绘壁画。主室覆斗形顶，双龙莲花藻井，藻井周围环绕飞天，四披画千佛。西壁开一双层龛口圆券龛，龛内塑趺坐佛及二弟子、三菩萨，画火焰莲花背光，两侧画二弟子、二菩萨。龛顶画火焰莲花龛楣及四飞天。内层龛口外龛柱两侧各画一思惟菩萨。龛上画六飞天相向而飞。龛外北侧和南侧上部分别画乘象入胎和逾城出家，其下各画二菩萨。龛下画供器和供养菩萨。南、北壁画千佛，中央各画说法图一铺，下部晚唐画供养人行列。东壁画千佛，门上有七佛，门两侧各有说法图一铺。

9　第57窟　西壁北侧　菩萨

这两身菩萨与隋代菩萨已大不相同，从项光、头饰到腰肢以及浑身的饰物，描绘精细华美。特别是靠近龛柱的一身，珠光宝气，令人惊叹。

10　第57窟　西壁龛内南侧　思惟菩萨

位于内层龛口外南侧龛柱旁。菩萨坐于莲座上，一手支颐，凝神思惟，境界深沉幽婉，线描造型简洁、生动活泼。

11　第57窟　西壁龛内南侧　菩萨

位于外层龛口内，体态健美，线描劲挺。下方的菩萨塑像已失。大约是因为画在塑像身后，所以保存较好，画面清晰。

12　第57窟　南壁中央　说法图

这幅说法图构图紧凑，人物众多。主尊阿弥陀佛居中，于宝盖、双树下结跏趺坐，作说法相，坐下双狮座，设熏炉供养。左右侍立迦叶、阿难二弟子和观世音、大势至等十菩萨，又有二力士守护两侧。描绘精致，设色富丽，头冠项饰均以沥粉堆金，肌肤以淡朱色晕染。此图所代表的绘画风格，显示出由隋代"细密精致而臻丽"的画风，向盛唐的富丽灿烂新风格的转变。

13　第57窟　南壁中央说法图中　胁侍菩萨(部分)

说法图中东侧为首的观世音菩萨，是唐代菩萨形象的最佳代表作之一。细眉长目，鼻直唇红，肌肤细腻，体态婀娜；与其说是佛国的菩萨像，还不如说是人世间的美人图。

14　第57窟　北壁中央说法图中　胁侍菩萨
15　第57窟　北壁中央说法图中　胁侍菩萨(部分)

北壁说法图主尊亦为阿弥陀佛，下为宝池莲花，应为西方净土变。佛右侧为大势至菩萨和阿难(图版14)，东侧为观世音菩萨(图版15)和迦叶。

16　第322窟　窟室内景

室内平面方形，西壁开一大龛，龛口双层。龛内中央塑释迦佛，结跏趺坐，作说法相，左右为二弟子(迦叶、阿难)二菩萨(观音、大势至)二天王，浮塑背光。龛内两侧画佛弟子共八身，佛座两侧画婆薮仙、鹿头梵志，外层龛口内北侧画乘象入胎，南侧画逾城出家。龛顶内层画十飞天，外层画一佛二弟子禅定像及人非人等。人非人是佛界护法之一。龛外两侧上部分别画维摩诘经变的维摩诘和文殊。其下各画一菩萨。南、北两壁画千佛，中央分别画

说法图或西方净土变一铺。东壁门上画说法图三铺，门南侧画说法图一铺，门北侧画一菩萨、四坐佛。龛内塑像表明，隋代后背贴壁的形式，已经演变为离开壁面的独立的圆塑(圆雕)。天王塑像也由隋代窟门内两侧的位置移进了龛内，丰富了龛内塑像的组合。此窟塑像，形体略显单薄，脸瘦、鼻高、嘴宽；菩萨头上以小辫编结而成高髻，颇似少数民族形象。这在敦煌彩塑中，是一种独特的风格。

17　第322窟　西壁龛内北侧　天王

龛口北侧的天王，为胡人形象。这或许说明此窟的窟主是胡人，至少反映了唐代在军队中任用胡人的政策。

18　第322窟　南壁中央　说法图

此图为弥勒说法图，主尊作善跏坐佛像，两侧拥立菩萨，构图上大体仍是早期和隋代说法图的格局。菩萨身姿已渐秀丽，形象健康美丽。线条圆润有力，衣纹、服饰简略，色调富丽而不艳，属于唐初一种淡雅的壁画风格。六身菩萨中的西侧三身，一持莲花、一托玻璃碗、一作念佛状。玻璃器当时已用作供佛之宝，初、盛唐壁画中屡有所见。

19　第322窟　东壁门上　说法图

东壁门上居中画一佛二弟子二菩萨，均坐莲花上。下部中间的愿文榜题字迹已脱落，其两侧分别画男、女供养人及侍从。这幅说法图，构图较自由，用线简练，色彩淡雅、形象秀美、服装轻软质薄，令人感到悦目清新。

20　第322窟　窟顶藻井

窟顶为覆斗藻井式，藻井井心画莲花藤蔓图案，边饰缠枝葡萄纹样及忍冬纹样、藻井四周画伎乐飞天，四披画千佛，四披连接处画联珠纹边饰。所表现的是佛说法时，华盖周围天人奏乐供养，并有无数化佛出现于虚空。窟顶装饰中的忍冬纹和联珠纹都表现出隋代的遗风。

21　第220窟　西壁龛内北侧　迦叶(部分)

此窟是莫高窟最重要的初唐洞窟之一。1943年，将表层宋绘千佛剥离后，发现了保存完好的初唐壁画，并在东壁和北壁发现两处贞观十六年(公元642年)的墨书题记，为壁画提供了确凿的断代依据。壁画绘制精湛，具有明显的中原地区艺术风格的影响。窟室覆斗藻井顶，西壁开一龛，北壁画东方药师变，东壁画维摩诘经变，南壁画西方净土变。西壁龛内唐塑一佛二弟子二菩萨，均经后代重新妆修。图为龛内北侧的迦叶塑像。迦叶原曾信奉婆罗门教，后来皈依佛教，为释迦十大弟子之一，因此，无论绘、塑都作"胡僧"模样。这是此窟仅存的一身完好塑像，手法写实，甚少夸饰，虽经后人重新妆色，并略有修补，但仍未失原作精神。

22　第220窟　西壁龛顶南侧　说法图(部分)
23　第220窟　西壁龛顶北侧　说法图(部分)

此窟龛顶壁画已经残缺，现存部分因多年在宋画覆盖之下，至今保持着明亮的色调，朱色的线描清晰可见。所画菩萨群像和优美生动的供养菩萨，显示出初唐龛顶装饰华丽、细腻而宁静的艺术风格，不同于隋代活跃而热烈的

气氛。

24 第220窟 南壁 阿弥陀经变

第220窟南壁为通壁巨幅阿弥陀经变。据文献记载，唐代西方净土变的绘制十分盛行。西方净土，据说是无病无灾无烦恼，而且"无有刀兵、无有奴婢、无有欺屈、无有饥馑、无有王官，……不是纳谷纳麦、纳酒纳布，唯是朝献香花、暮陈梵赞，更无别役"的极乐世界，还有"二十八天闻妙法，天男天女散天花。龙吟凤舞彩云中，琴瑟鼓吹和雅韵。帝释前行持宝盖，梵王从后捧金炉，各领无边眷属俱，总到圆成极乐会。三光四王八部众，日月星辰所住宫，云擎楼阁下长空，掣拽罗衣来入会"（见敦煌变文《佛说阿弥陀经讲经文》）等诸般盛大歌舞场面。壁画依据《阿弥陀经》所述"七宝池、八功德水，四边界道以金银琉璃颇梨合成，池中莲花大如车轮，昼夜六时出和谐音"画成。这一经变壁画初步形成于隋代，至初唐，在西方三圣、宝池莲花的隋代简单格局基础上，发展为通壁的巨构，成为洞窟壁画的重要内容之一。

25 第220窟 南壁 阿弥陀经变（部分）

菩萨一组，动态各异，表现陆续到会的场面，动而不乱，静而不僵。

26 第220窟 南壁 阿弥陀经变（部分）

这是经变的中心部位，画主尊阿弥陀佛和二胁侍菩萨，俱在碧波荡漾的池水中，背后经幢凌云、梵宫高耸，色彩鲜丽。两身菩萨着透体罗衣、锦绣披巾，凝神伫立，神态庄重。

27 第220窟 北壁 药师经变

根据《药师琉璃光七佛本愿功德经》绘成。画面以东方药师净土七佛和八接引菩萨为主体，两旁十二药叉大将为护卫。上空飞天翱翔，前临曲池流泉。在"灯山火树"照耀下，画面下部乐声回荡，舞姿婆娑；中间的灯楼座下，题有墨书发愿文"贞观十六年岁次壬寅奉为大云/寺律师道弘法师□奉□/……"。这是敦煌初唐壁画中最早的纪年。画面下部中间，画著名的胡旋舞。它出之西北地区的康国。《新唐书·礼乐志》称："胡旋舞，舞者立毬（毯）上，旋转如风。"唐代大诗人白居易曾有诗咏："胡旋女，手应弦，心应鼓，弦歌一声双袖举，回雪飘飖转蓬舞。左旋右转不知疲，千匝万周无已时。人间物类无可比，奔车轮转旋风迟。"北壁东方药师变下部的乐舞场面，用中间的灯楼为界，分为左右两组，各有一对舞者，东侧素装白裙，西侧穿锦衣石榴裙，均在小圆毯上急速旋舞，应该是典型的胡旋舞。两边除乐队外，还画有二菩萨正在燃点树形七层药师灯轮。灯火辉煌，更增添了歌舞欢乐的气氛，烘托了东方药师净土。这是敦煌壁画中最美妙的乐舞图之一。

28 第220窟 北壁药师经变西侧 乐队
29 第220窟 北壁药师经变东侧 乐队

经变下部东西两侧的乐队分别都坐在两块方毯上，像是两个小组。乐人肤色有所不同。东侧乐队（图版29）计十三人，演奏筝、箫、竖笛、方响、笙篥、阮咸、横笛（二）、腰鼓、都昙鼓、拍板、毛圆鼓，并有一人耍盘唱。西侧乐队（图版28）计十五人，演奏竖笛、海螺（二）、笙篥、拍板（二）、钹、竽、箜篌、答腊鼓、鼗鼓、羯鼓、毛圆鼓、横笛，亦有一名歌手耍盘唱。

30 第220窟 东壁
32 第220窟 东壁门上 说法图

东壁画说法图一铺，男女供养人各一身；门南初唐画维摩诘经变中维摩诘，门北画文殊；此外尚有宋画供养人、千佛等。图版32为东壁门上佛三尊说法图之中部，倚坐佛两边有二菩萨胁侍。居中佛座下发愿文为："弟子昭武校尉柏堡镇将……/工……玄迈敬造释迦……/铺□岩功毕谨申诵……/大师释迦如来弥勒化及……/□含识众□台尊客……/……福家□三空……/□□有情共登净……/……四月十日……/……/贞观十有六年敬造奉"。

31 第220窟 东壁南侧 维摩诘经变（部分）
33 第220窟 东壁北侧维摩诘经变中 文殊
34 第220窟 东壁南侧维摩诘经变中 维摩诘

维摩诘经变系根据《维摩诘所说经》绘成。这一重要经典通过叙述"辩才无碍"的维摩诘居士，在病中与前来问疾的文殊师利展开一场辩论，来阐发佛教大乘理论。这个题材，文献记载中较早的有东晋顾恺之著名的瓦官寺壁画维摩诘像，后来又有南朝宋袁倩绘制"百有余事"的维摩诘变图卷。敦煌壁画中则起于隋代，但画面都很简略，并无高妙之作。到了初唐贞观年间，终于以前所未有的规模，画出了高水平的作品。东壁的维摩诘经变以问疾品为中心，分别画在窟门内两侧。窟门南侧维摩诘一方之维摩诘，与北侧的文殊师利一方相对。环绕着二人对坐辩论，还穿插出现其它许多场面，分属于方便品、不思议品、观众生品、香积佛品等部分。南侧的维摩诘手握羽扇，在帐内抚膝而坐，身体前倾，略现病容，但目光炯炯，咄咄逼人，神思飞扬，为传神佳作。帐下画前来听法的各国王子（图版31），面貌各异、肤色与服饰均不同，实在是唐代以前所未见的各族人物图。维摩诘经变中文殊一方，与维摩诘相对，画在窟门的北侧。图中文殊师利菩萨受佛嘱托，率众前来问疾，从容就坐一面，举止庄重，神态自如，与慷慨激昂的维摩诘形成对比。文殊前面天女与舍利弗的问答场面，为整个画面增添了观众生品的活跃气氛。下部绘随同文殊前来听法的帝王群臣，与传世初唐画家阎立本的名作《历代帝王图卷》相比，毫无逊色；就赋彩的丰富论，尚有过之。

35 第431窟 西壁下部 十六观（部分）

此窟建于北魏，后经初唐重修，又经宋代重修。现前室有三间四柱宋代窟檐建筑。前室、甬道壁画均系宋代重绘。主室前部人字披顶，存北魏画椽间图案。后部北魏画斗四平棋顶。后部中央有中心塔柱，四面龛内外装饰大部为北魏原作，少数部位如龛下塔座东向面及东向龛内背光经宋代重画，南、西、北向面龛下有初唐卷草纹边饰和释迦多宝佛（西向面）或说法图一铺（南、北向面）。四壁上部北魏画天宫伎乐，中部画千佛，千佛中央画佛一铺。东壁门南北两侧各有初唐画天王二身。北壁下部有初唐画观无量寿经变及男供养人等。西壁下部有初唐画十六观及供养牛车、马匹、马夫、及男女供养人等。南壁下部有初唐画九品往生十幅及女供养人等。图中所画为十六观的"总观"。《观无量寿佛经》讲总观时说："众宝国土，一一界上，有五百亿宝楼，其楼阁中，有无量诸天，作天伎乐。又有乐器悬处虚空，如天宝幢，不鼓自鸣。"图中"宝楼"和乐器在空中"自鸣"，均与经文内容相合。楼阁后三座之间，有拱形飞阁相联系。北魏杨衒之《洛阳伽蓝记》记华林园"……有钓台殿，并作虹霓阁，乘虚来往"。虹霓阁即阁道，高起有如虹霓也。图中飞阁应当是与虹霓阁相类似的建筑物。

36 第431窟 西壁下部 马夫与马（部分）

西壁下部的中间，画马夫与供养马匹。困倦的马夫怀抱缰绳，坐地小憩，交脚抱膝而坐的姿势平稳而舒适，埋着头，显然已沉沉入梦。图中两匹鞍辔齐全的骏马，驯顺地静立在一侧。马的造型写实，在纯熟有力的线描中有粗细虚实的变化，准确地表现出骨骼和肌肉的结构与质感。画面构图均衡而有变化，人物与马结合在一起，意趣盎然，诚为初唐杰作。

37 第431窟 南壁西侧 九品往生 （部分）

图为第431窟南壁"九品往生"中的"上品中生"。《观无量寿佛经》把往生阿弥陀净土的众生分作九品，其中上品中生者往生时，西方三圣与千化佛、无量大众持紫金台前来迎接。图中楼阁下层画一人依枕而坐，阁外有一佛来迎（下部残毁）。室内出一股云气，云气中一人坐紫金台上随佛升空而去，以示将往生西方净土。这样的画面在莫高窟尚属仅见。

38 第209窟 西壁南侧上部
39 第209窟 南壁西侧上部

第209窟主室西壁存背光，塑像已失，背光两侧画故事画。清代设中心佛坛，塑灵官像一铺三身。南、北壁上部，西端各有故事画一方，下部画供养菩萨。东壁门上画说法图三铺。门南、北各画说法图一铺，五代画供养比丘一身。此窟壁画尚具隋代遗风。图版38为西壁南侧上部的故事画，疑为未生怨故事。图中南侧画面似为：国王频婆娑罗被囚于室内（下）；国王与王后于室内念佛，佛遣弟子阿难、目犍连飞来为之说法（上左）、太子阿阇世拔剑欲杀母后韦提希（上右）。图版39为南壁西侧的山水人物，内容尚无定论，但可从中了解古代山水画技法的发展。

40 第209窟 南壁东侧 说法图 （部分）
41 第209窟 北壁下部 供养菩萨

南、北壁上部均画说法图一铺，图版40为南壁弥勒说法图中主尊东侧的二菩萨二天王。天王进入壁画说法图的行列，这是引人注意的。图版41为北壁说法图下的供养菩萨，一侧面，一正面。侧面者手捧宝珠，虔心礼佛；正面者似乎还有什么期待。这种构图无疑会给供养者行列增添生气。

42 第209窟 窟顶

主室覆斗藻井顶，石榴葡萄井心，图案以四个石榴对称排列，八串葡萄叶作交错缠枝组织，布满井心。边饰有团花、联珠、方格、鱼鳞等纹样及垂角、幔帷等。色彩主要是青、绿、赭、褐，白色为地，调和清雅，装饰性很强。藻井以外，窟顶西披佛背光火焰纹两侧画乘象入胎和逾城

出家，北、东、南披各画说法图一铺。

43 第329窟 窟室内景

此窟前室、甬道皆五代重绘。主室覆斗藻井顶，四披画千佛。西壁开一斜顶敞口龛。龛内塑跏趺坐佛一身及二弟子四菩萨，均经清修；画化佛火焰背光，两侧画飞天、人非人、化生、四佛弟子及婆薮仙、鹿头梵志。龛顶画乘象入胎和夜半逾城，前有乘龙天人或乘虎天人引路，彩云飘飘，天花乱坠，飞天、人非人上下翔舞，艺术表现上较此前的同类题材大大地丰富和成熟了。龛外画千佛。龛外两侧下部画莲花童子各二身。《观无量寿经》讲九品往生，说：众生持诸戒行，读诵大乘经典，日夜时时念佛，命终之后，化作童子，于极乐世界七宝池莲花中往生，始得见佛金身，闻佛说法，游历十方佛国，享受种种乐事。图中童子于莲花枝上攀援嬉戏，即如经文所述。南壁画阿弥陀经变，下部五代画比丘尼、女供养人。北壁画弥勒经变，下部五代画比丘、男供养人。东壁门上画说法图四铺，门两侧各画说法图一铺，南侧下部画供养牛车与女供养人，北侧下部画供养马群与男供养人。

44 第329窟 南壁 阿弥陀经变

此图与北壁弥勒经变相对，亦作上下三等分。上三分之一画西方净土的殿堂楼阁建筑。中部是全画的主体，画阿弥陀佛及两侧观世音、大势至、文殊、普贤等诸菩萨，俱在七宝池八功德水中台上，池内有迦陵频伽种种奇妙杂色之鸟。下三分之一画众菩萨弟子及乐舞供养。较之唐代同类经变画，此图表现极乐世界盛况尚不充分，建筑群的布局分散，缺少纵深的层次，但人物描绘活泼多姿，特别是东侧的一组菩萨，虽已变色，仍不失美感。

45 第329窟 北壁 弥勒经变

弥勒经变在莫高窟始于隋代，但只画弥勒上生。唐代常将弥勒上生经与弥勒下生经荟于一壁。此窟北壁弥勒经变就包括了这样两个部分。若将整铺经变上下划分三等分，上约三分之一的画面为弥勒上生经变。经文说，兜率天宫有五百亿天子，为供养弥勒菩萨，以天福力，造作宫殿，又脱自身摩尼宝冠，长跪发愿：弥勒菩萨来世不久当即成佛，我等当佛前受记，令我宝化成供具。霎时，诸宝冠既现种种光明、宝宫、宝树、龙王等等异相。又有一大神发愿：若我有福德为弥勒菩萨造善法堂，令我额上自然出珠。顷刻，额上自然出现五百亿宝珠。又化宝台莲花，天子天女，竞起歌舞。此时，弥勒菩萨于兜率天宫七宝台摩尼殿狮子座上化生。图中上方中央为弥勒菩萨，戴宝冠、善跏坐、作说法相。身后建筑系五百亿天子所造宫殿。前面十菩萨席地供养，当是天子、神王向弥勒菩萨发愿供宝。左右两组佛、菩萨，当表示弥勒菩萨在龙华菩提树下成佛时的三会说法。画面中、下部约占三分之二面积的是弥勒下生经变，表现弥勒世界的种种盛况：天雨润泽、金沙铺地、慈心和平、长寿安乐。其中下三分之一画面表现弥勒成佛三会说法时，穰佉王、王妃及王公大臣、宫娥彩女八万四千人一同落发出家。此下生经变中尚没有画出一种七收、路不拾遗、五百岁嫁女等许多具体故事情节，此后弥勒经变在描绘内容上日趋复杂。

46　第329窟　东壁门上　说法图

图为东壁门上四铺说法图中的一铺，用笔简捷，菩萨形象尚未变色。主尊色彩浓重，菩萨设色淡雅，形成对比。

47　第329窟　东壁南侧下部　女供养人与牛车

东壁南侧画女供养人和牛车。牛车一般为贵夫人乘用，据《旧唐书·舆服志》云："一品乘白铜饰犊车，青通幰，朱里油纁，朱丝络网，驾以牛。二品已下去油纁、络网，四品青偏幰。"女主人像前榜题为"孙女佛□（力）一心供养"。两辆牛车造型美观，为文献记载补充了形象资料。

48　第329窟　东壁南侧说法图中　女供养人

这身女供养人高仅0.22米，穿窄袖小衫，敞胸，系长裙，席地跪坐，持花供养。由于是初唐供养人画像中的佳品，所以虽画在东壁南侧说法图莲座下的角落里，却常常为人所注目。

49　第329窟　东壁北侧　说法图

东壁北侧的说法图，主尊于双树下结跏趺坐，二弟子二菩萨侍立左右。右胁侍菩萨宝冠上有化佛，左胁侍菩萨宝冠上有净瓶，则一佛二菩萨当是阿弥陀、观音、大势至。联系此窟南北壁的阿弥陀净土变及弥勒净土变，可见当时净土信仰之盛。

50　第329窟　窟顶藻井

此窟覆斗藻井顶，莲花飞天井心。中心画莲花，花心呈五色转轮，正如经文所说："宝华旋布放光明"（《华严经》）。四身持花飞天，在蓝天中，乘流动彩云，环绕莲花飞旋。边饰卷草、方格、联珠纹样及垂角幔帷，以深、浅红色为主，配以白、赭石、黄丹，色彩热烈、变化丰富。藻井外周又画伎乐天十二身，环绕飞行，使井心图案更显生动。这是初唐藻井的代表作之一。

51　第321窟　西壁龛顶南侧　飞天
52　第321窟　西壁龛顶南侧　供养天

第321窟主室覆斗藻井窟顶，井心宽大，居中团花外周由八朵带蒂的花朵与八朵小花瓣构成圆形，里层有八朵卷云纹形的大花瓣，最里面是含苞欲放的花蕾，八方均齐连续，组成一朵大团花。井心岔角处有花瓣组成蝴蝶形的角花。边饰层次不多，图案有联珠、卷草、半团花纹样，没有垂角、彩铃、幔帷装饰，与通常的华盖式藻井有所不同。色彩以朱砂、白、褐为地，配以青绿纹样，对比鲜明，雍容大方。西壁开一平顶敞口龛。龛内塑一佛（清修）、二弟子（清塑）、二菩萨（清塑）、二力士（清修）。龛内背光两侧画天宫散花天人、迦陵频伽、飞天、菩提树。龛顶画赴会佛三铺、飞天、禽鸟、花卉等。龛上画七佛九菩萨。龛壁南侧栏墙下的迦陵频伽舞动双翅，飞在空中弹奏琵琶。这是佛国净土的伎乐灵鸟，鸟体人身，鸣声清雅，善奏乐器，又名美音鸟。这身灵鸟填补了龛内壁面的空白，加强了装饰效果。图51为西壁龛顶南侧的双飞天，长长的飘带随风舒卷，表现出潇洒轻盈的动态。渲染肉体的颜料虽已变色，但眉目轮廓及体态线条仍然可辨。唐代出现的双飞天向人们显示，莫高窟艺术的灿烂时期已经到来。此窟西壁龛顶的供养天，也称天宫散花天人，是很有特色的龛内装饰画。图版52即其南侧的六身散花天人（一般亦称作赴会菩萨），体态婀娜，在天宫楼台上俯身凭栏，像是观赏着下界的众生，逍遥闲适的神情毕现。天宫栏墙建筑，描绘十分精美，白鸽衔璎珞串珠展翅欲飞的装饰相当别致。

53　第321窟　南壁　法华经变

南壁画经变一铺，原内容不明，据中部画面形象类似灵鹫山法华会场面，有人推测为法华经变。本书图版印制之后，在1983年全国敦煌学术讨论会上，史苇湘以《敦煌莫高窟的宝雨经变》为题的报告，公布了对这一铺壁画的考证研究，确定其为宝雨经变。《宝雨经》亦名《宝云经》，唐天竺三藏菩提流志重译。画面中央序品表现佛在伽耶山顶为大比丘众七万二千人说法时，漫天宝雨。序品两侧所画细节，是十卷《宝雨经》的各种譬喻。

54　第321窟北壁东侧　阿弥陀经变（部分）

北壁画阿弥陀经变一铺。经变中的建筑形象值得注意，图中显示的是经变的右上部分，水池中建有平台和一座楼阁。歇山顶的楼阁高二层，深阔都是三间。上下层之间不设腰檐，这种画法只在初唐壁画中才能见到。下层斗拱上挑出朱栏一周。上下层各柱子之间不设门窗墙壁，只在由额上悬挂帘幕。平台地面以花砖铺地，与唐代习俗相同。平台四周绕以花板栏干，栏干各部件界画清晰。经文描写阿弥陀佛的西方净土："……讲堂、精舍、楼观皆七宝庄严自然化成，内外左右有诸浴池……"。净土变中出现精细界画，开始于初唐时期。

55　第321窟　东壁北侧　十一面观音

东壁门上画说法图三铺，门北画十一面观音一铺。观音十一面六臂，立于双树宝盖之下莲花之上，一手提净瓶，一手持杨枝。两旁有二菩萨侍立。构图左右基本对称，图中的树、花等，有图案化的倾向。与同时期的壁画相比，十一面观音图显得很有特色。

56　第372窟　南壁阿弥陀经变（部分）

第372窟主室西壁开一平顶敞口龛，龛内清塑佛一铺五身。龛内浮塑背光两侧画二赴会佛二菩萨二弟子二飞天。龛顶画菩提宝盖、二化佛。龛外两侧各画一菩萨。北壁画说法图一铺（东部毁）。东壁门南画地藏王，门北画药师佛。南壁画阿弥陀经变，图为经变的西侧部分，画菩萨群像，立者为阿弥陀佛近侍大势至菩萨，坐者为文殊菩萨及其部众。人物面部与上肢的晕染富有立体感，是融合隋代及唐初的多种晕染方法而形成的一种新染法。

57　第372窟　窟顶藻井

覆斗藻井窟顶，窟小藻井小，结构较简单。井心画团花，团花中心为卷云纹，向外分数层，皆由大小不等的花瓣、卷瓣莲组成。外围边饰为半团花、缠枝卷草、鱼鳞等纹样及垂角、幔帷，色彩明快。

58　第335窟　西壁龛内南侧　劳度叉斗圣变（部分）
59　第335窟　西壁龛内南侧　劳度叉斗圣变（部分）

主室覆斗藻井顶，牡丹团花井心，四披画千佛。西壁开一平顶敞口龛。龛内唐塑一佛一弟子、清塑一弟子四菩萨,浮塑背光两侧画法华经变从地踊出品与劳度叉斗圣变。龛顶画法华经变见宝塔品。龛外两侧画观世音、大势至菩萨。西壁龛内两侧画劳度叉斗圣变,北侧为舍利弗,南侧为劳度叉。图版59中表现的是,双方经过千变万化的激烈斗法之后,外道劳度叉被佛弟子舍利弗方面回过来的狂风刮得宝座摇摇欲坠,他和帐前侍立的外道双眼迷蒙,只得举手抱头,狼狈不堪。图版58为劳度叉下方的外道信女。两名劳度叉的女信徒身体健壮,乳圆体丰,她们在狂风的猛烈袭击下,也挥袖挡风,动弹不得。这是壁画劳度叉斗圣变中饶有趣味的情节之一。

60　第335窟　东壁门上　说法图（部分）

东壁门上画阿弥陀佛一铺,发愿文为:"垂拱二年五月十七日净信优婆夷高奉为亡夫及男女/见在眷属等普为法界含生敬造阿弥陀二菩萨兼阿难/□(迦)□(叶)像一铺妙□真容相好具足卅二圆满百福□□/……/……"据此可知洞窟修建时间。门两侧各画说法图等。南壁画西方净土变一铺,北壁画维摩诘经变一铺。

61　第335窟　北壁　维摩诘经变

莫高窟维摩诘经变到初唐趋于成熟,内容大大扩充了。这幅通壁巨构,在唐代来说是同类题材中规模最大的,而且论辩双方共绘于一壁并无分隔,这种完整构图的形式也是特殊的。画面主要表现文殊师利率诸菩萨、弟子、释梵天王、声闻、天人前来毗耶离城问疾,与维摩诘居士相对辩论(问疾品)。此外还穿插其它各品的情节。图下部左右画国王、大臣、长者、居士、婆罗门等,及诸王子并余官属,无数千人皆往问疾(方便品)。维摩诘知舍利弗心念室中无有坐处,乃现神通力,由须弥灯王如来处遣三万二千师子座来入室内,使诸天人菩萨皆得入座。图中维摩诘上方画无数师子座从天飞来(不思议品)。维摩诘又向舍利弗等讲述:有解脱名不可思议。这样的解脱,能以须弥山之高广入芥子中,而四天王切利诸天不觉不知亦入其内;又能以四大海水入一毛孔,诸龙鬼神、阿修罗王等不觉不知亦入其中;还可断取三千大千世界,著右手中,掷过恒河沙世界之外,其中众生不觉不知己之所往,又复还本处。壁画东端即描绘维摩诘右手将须弥山及周围大海包括水中阿修罗王等轻轻掷往虚空,表现不可思议的解脱法门(不思议品)。文殊、维摩之间,画的是香积佛品:维摩诘以神通力,遣化菩萨上升众香国,礼香只佛足,请施香饭。化菩萨既受钵饭,俱九百万菩萨须臾同至维摩诘舍,化菩萨以满钵香饭跪献维摩诘并施于文殊及从众,饭香遍毗耶离城及三千大千世界。图中除化菩萨外可见九百万菩萨乘彩云自香积佛处飞降而下。菩萨行品画在西上角。是时佛在庵罗树园说法,会场忽现金色,佛告阿难,维摩诘文殊师利与诸大众发意欲来,故显瑞应。于是维摩诘语文殊师利,可共见佛,即以神通力,持诸大众并师子座置于右掌,往诣佛所,稽首佛足,合掌而立,众亦如是。佛即为众说法。

62　第338窟　西壁龛顶　弥勒上生经变

此窟前室西壁门上晚唐画十一面观音,两侧画毗沙门天王赴哪吒会,门南、北各画天王一铺;南壁画千手眼观音一铺,北壁画千手钵文殊一铺;三壁下部均画女供养人;顶画千佛。甬道两壁晚唐画男供养人,顶画药师经变一铺。

主室覆斗藻井顶,团花井心,四披画千佛。东、南、北三壁均画千佛,东壁门上和南、北壁中央各画说法图一铺,下部初唐画供养菩萨、晚唐画供养人。西壁开一斜顶敞口龛。龛外两侧画观世音菩萨和大势至菩萨。龛内唐塑一佛(清修)、清塑一弟子二菩萨,浮塑背光两侧画八弟子十赴会菩萨。龛顶画弥勒上生经变,画出兜率天宫建筑,正中有三开间佛殿一所,屋顶鸱尾高耸,屋脊正中有宝珠一枚,是为佛教建筑的象征。佛殿两侧各有歇山顶配殿一所,面阔三间、进深三间,檐下各有一方形板状物向上翻起,板面饰团花图案,这是一种障日遮阳的设备。三座主体建筑之间有回廊相连。殿与回廊均建于砖砌台基上,台基边沿绕以朱栏,天人于院内供养莲花宝珠,周围广种竹木,环境清幽。

63　第323窟　南壁东侧上部

前室、甬道存表层西夏壁画,底层可见初唐、五代残画。前室南壁为第324窟,北壁为第325窟。主室覆斗藻井顶,团花井心,四披画千佛。西壁开一龛,龛内塑一佛二弟子二菩萨,龛顶画菩提宝盖及二飞天,龛上画化佛、云气,龛下表层西夏画跌坐佛,底层有五代、初唐残画。南、北壁上段画千佛,中段画佛教史迹画,下段各画菩萨七身。东壁门上画千佛,以下五代画佛、菩萨等,门南、北两侧画持戒发愿图,下部西夏画跌坐佛。图为南壁佛教史迹画的东部,画隋文帝请昙延法师入朝的故事。此图分作四个画面,左下画肩舆中坐一僧人,六名轿夫弓身抬行,榜题为:"帝迎法师入朝时"。右下画一帝王向一僧人行礼,榜题为:"随(隋)开皇六年天下亢旱雩神不应/帝以问法言斯国有何不善令/天下亢旱延法师遂将王于太/兴殿受裁(戒)八天下风雨顺时"。左上画宫殿内一僧人坐高座上,殿前阶下一帝王率臣属五人跪拜施礼,天空乌云密布,大雨将至,榜题可见:"□□□□□□延法师/□□□□□□□□帝受/□□□□□□宫于殿/□□□□□□讫云雨/降至天下并足"。右上画城内大帐中,一僧人坐高座上讲说,前有一帝王坐胡床上恭敬聆听,五人侍立左右,帐外一舍利塔大放光焰,榜题为:"延法师于塔前与文帝说涅槃经并/造疏论讫感舍利塔三日放光"。隋文帝开皇二年即以昙延为大昭玄统,据《续高僧传》卷八《昙延传》,开皇六年干旱,"朝野荒然",先请三百僧于正殿祈雨,"累日无应",再请昙延祈雨,登御座南面授法,文帝及朝臣五品以上席地北面受戒,"戒授才讫,天有片云须臾遍布,便降甘雨"。又记,昙延为文帝讲经,并造涅槃经疏,惟恐疏论"不合正理",遂持经及疏陈于仁寿寺舍利塔前,烧香发誓,"言讫涅槃卷轴并放光明,通夜呈祥,道俗称庆。塔中舍利又放神光,三日三夜辉耀不绝"。以上记载与榜题对照,可为画面内容作解释。

64　第323窟　南壁西侧上部

南壁佛教史迹画由西端开始,图中右下围绕三方榜题画石佛浮江故事。右上部画二佛像立于水面,题名"维卫佛"、"迦叶佛",僧俗数人在岸上作礼拜状,榜题为:"此西晋时有二石佛浮游吴/江淞波涛弥盛飘飘逆水而/降舟人接得其佛裙上有名/号第一维卫佛第二迦叶佛/其像见在吴郡供养";左下又题:"吴淞江"。右下画道士扬幡设醮,榜题为:"石佛浮江天下希/瑞请□□□谓□/道来降章醮迎之/数旬不获而归"。以东画僧众以船载二佛而归,江岸僧俗妇孺纷

227

纷往迎、跪拜，榜题为："灵应所之不在人事有/信佛法者以为佛降/风波遂静迎向通/玄寺供养迄至于今"。据《集神州三宝感通录》，晋愍帝建兴元年（公元313年），在吴郡吴县松江沪渎口，渔者遥见海中二人浮游水上，疑为海神，因请巫祝、道士之，"风涛弥盛，骇惧而返"；后有奉佛者前往礼拜，乃"风浪调静"，二人浮江而至，于是将二像安置通玄寺。此图下部，有一生动的画面，描绘一家祖孙三代人前往江边迎佛的情景，表现出佛教信仰的虔诚，并有浓厚的民间生活气息。

65 第323窟 南壁西侧下部 菩萨

此窟南壁七身供养菩萨与北壁相对称，这是其中的二身，高1.80～1.87米，是初唐形体最大的供养菩萨群像。菩萨造型比例匀称，刻划精细，一作双手合十，一左手把珠于胸前、右手轻握垂下的冠带，璎珞飘动，神情自若。图中尚留有盗劫未遂的痕迹。

66 第323窟 南壁中央上部（部分）
67 第323窟 南壁中央上部（部分）

南壁中部画东晋扬都金像出渚故事，图版66、67均为同一铺画的局部。此图大部已被华尔纳所盗劫破坏，仅存残断画面，图中上部的左、中、右分别画光芒四射的佛像、莲座、佛光，表现得金像、得趺座、得佛光。图版66、67位于得趺坐场面之下，莲座下方一叶小舟，扬帆海上，舟中有比丘和船工数人，就近迎接，榜题为："东晋海中浮一金铜佛趺有光舟/人接得还至杨都乃是育王像趺/勘之宛然符合其像见在杨/都西灵寺供养"。据《集神州三宝感通录》和《高僧传》卷十三《慧达传》，东晋咸和中（公元326～334年），丹阳尹高悝于张侯桥浦掘得一金像，置长干寺。尔后一年许，临安县渔人张侯世于海上见莲花趺座，乃驰舟接取。又，咸安元年（公元371年）交州合浦县采珠人董宗之，于海底得一佛光。晋帝敕命将此像、趺、光合于一处，"契然相应"、"恰然符合"。画面上的平远山水表现相当出色，几只船近大远小，大海和远山富有空间感，显得十分辽阔。运用焦点透视技法取得良好效果，表明初唐山水画已发展到很高的水平。图中迎佛的大船画面已被华尔纳劫走，现仅存两名绖夫和迎佛的僧俗人众。纵使残缺，但仍不失为很有生活情趣的图画，人畜神态栩栩如生，再现了古代人民的宗教生活场景。

68 第323窟 北壁上部

图中为北壁佛教史迹画。西侧以大体三组画面表现汉武帝获匈奴祭天金人和张骞出使西域故事。其右上有一殿堂，内置二立佛像，殿堂正面阑额匾牌上书："甘泉宫"三字，殿前榜题已漫漶；下方画帝王、臣属持香炉执笏跪阶下拜谒，榜题为："汉武帝将其部众讨/凶奴并获得二金（人）长丈/余列之于甘泉宫帝为/大神常行拜谒时"。下方中部榜题为："前汉中宗既获金人莫知名/号乃使博望侯张骞往西/域大夏国问名号时"；榜题右侧华盖下乘马帝王，当为"中宗"，后随臣属；榜题左侧画张骞执笏跪拜辞别，后有从者持节牵马。左上画张骞一行西行远去，远处一城廓，二比丘立城门外，城内有佛塔，榜题为："□大夏时"，意在表现张骞一行西行至大夏国礼佛塔的情景。获金人一事在史籍上有记载，但祭天金人未见得是佛；张骞使西域为开辟

丝绸之路作出了巨大贡献，但实际上与金人并无关联，时间上也大有出入；显然这是佛教徒根据史实加工造作出来的故事。

紧接上图，壁面中部大体以两组画面表现佛陀圣迹：洗衣池与晒衣石。图中画释迦牟尼右手提袈裟立于水边，榜题为："此大夏波罗奈国佛初成觉/时天□□□袈裟讫今有诸□/□护时"；半空中天人乘云而降，为释迦化地为池，榜题为："此切利天见佛欲洗衣便来/化地为池即以供养至今池/在大夏寺（时）"。左侧画一方石，方石旁二天人正擦拭净洗，榜题为："此方石天所化作奉佛晒衣晒/石上有十三条文至今不灭龙亦/护之时有菩萨来洗天人所敬/至今见在大夏时"；石右侧一裸身外道以足践石，上方雷神乘乌云，转连鼓，地上躺卧一人，表示外道因渎污佛迹遭雷击而死。

上图以东，以上下三组画面表现佛图澄神异事迹。上画一七层宝塔，一僧人立塔下讲论，数人静听，榜题已漫漶，似表现佛图澄能"听铃音以言吉凶，莫不悬验"（《晋书·佛图澄传》）。中间画一帝王，上有华盖，坐胡床上与臣属观看僧人施法，榜题为："幽州四城门被天火烧□澄法/师与石主说法之次忽□惊/愕遂即索酒乃于东方将之/其酒变为大雨应时而至其火即/灭雨中并有酒气"；帝王为后赵石虎；施法僧即佛图澄，由其指端出乌云至左上方，画出乌云笼罩下的幽州城，腾腾烈焰即将被骤雨所灭。左下画一僧裸上身，坐水池边，正在洗肠，榜题漫漶，据《高僧传》卷九《佛图澄传》："澄左乳傍先有一孔，围四五寸，通彻腹内，有时肠从中出，或以絮塞孔。夜欲读书，辄拔絮，则一室洞明。又斋日辄至水边，引肠洗之，还复内中"。此画面右侧画一帝王率臣属礼拜六塔，其中一塔崩坍，榜题为："此外道尼乾子等塔育王/见谓是佛塔便礼塔遂崩/坏□育王感德"，表现的是阿育王礼拜外道之塔，塔即崩坏的故事。

壁面东侧四组画面表现三国吴王与外国沙门康僧会的故事。左上画山水，水中一舟扬帆摇橹而行，可能是表现康僧会由康居国渡海来到东吴。最下画一帝王向僧人跪拜合十，榜题为："孙皓立□有疑神佛法乃/车马迎会□会至为说因/果孙皓乃立佛信之"，据《高僧传·康僧会传》，孙皓曾有"大集朝贤，以车马迎会"之事。中间画一大帐，帐内莲座上舍利放光芒，帐外帝王与僧人作谈论状，榜题为："□□□□感通佛□吴王不信令/请现康僧会遂设斋行道应时/□□□感圣至道场得舍利吴王/感得舍利为造建初寺"。据《集古今佛道论衡》等史籍记载，吴人本不信佛，吴王孙权召康僧会问佛有何灵瑞，并依求请舍利，所获舍利光明四射，"椎砧不碎、劫火不焦"，吴王乃信，立建初寺。右上画寺院，院外僧人观看并有人运送木料，当为建初寺修造情景。

此窟佛教史迹故事画和持戒发愿图（见图版69、70），在国内绘画与雕刻中均甚稀有，如此集中的则更属罕见，而且在时间上也是最早的例子，因此是一批十分珍贵的形象资料。

69 第323窟 东壁北侧

东壁门两侧画僧人持戒发愿图，人物形象与榜题表明其内容与《大般涅槃经》圣行品第七之一和《经律异相》卷八持戒发愿防之十七（《大正藏》卷51）等经文相符。东壁门北侧壁画上起第一行左起第一榜题为："菩萨宁以□□

锥破身□/终不受信心□礼拜"；画二人一跪一立，向僧人施礼，左一人举手向僧人作欲打之状；按经文应是："宁以铁椎打破此身，从头至足令如微尘，不以破戒之身受诸刹利婆罗门居士恭敬礼拜"。第二榜题已漫漶；画一僧人扬手面对四人，四人中二人奏乐、二人舞蹈歌唱；按经文应是："宁以铁椎周遍刺身，不以染心听好音声"。第三榜题与画面均模糊难认。第二行第一榜题为："菩萨宁……其身□/染心受女□□女死女□"；画一妇人及一侍者，榜题右侧壁画有约0.35米见方已被美国华尔纳盗劫（1924年）；按经文似是："宁以热铁挑其两目，不以染心视他好色"。第二榜题漫漶；画一僧人扬右手，后随一人，面前有一方桌，上置一半圆形物，桌旁立一男一女；按经文似是："宁以利刀割裂其舌，不以染心贪著美味"。第三行第一榜题已漫漶；画一僧人以手指鼻，对面一人手捧一物，按经文应是："宁以利刀割去其鼻，不以染心贪嗅诸香"。第二榜题已漫漶；画一僧立中间，左右二人张臂作劝阻状，内容不明。第三榜题漫漶；画一僧人合十而立，面前二赤身裸腿人，像是正在砍杀一人；按经文似是："宁以利斧斩斫其身，不以染心贪著诸触"。以下画面、榜题已被西夏壁画覆盖。

70　第323窟　东壁南侧

此为门南侧壁画僧人持戒发愿图。图中上起第一行左起第一榜题为："菩萨宁以执铁镬终不破/戒受信心衣服供养"；画三人捧衣物面向一僧人作供养状；按经文应是："宁以热铁周匝缠身，终不敢以破戒之身受信心檀越衣服"。第二榜题为："菩萨宁身投热铁洹终不破/戒受信心饮食供养"；画二人奉食物向僧人作供养状；按经文应是："宁以此口吞热铁丸，终不敢以毁戒之口食于信心檀越饮食"。第三榜题可见："菩萨宁身投大火海中终不/破戒受女……"，"女"字以下残毁；画大火之前立一僧人，一侧立二盛装妇人及一侍者，下又一妇人作跪拜状；按经文应是："宁以此身投于火坑，终不毁犯三世佛制与诸女人而行不净"。第二行第一榜题已漫漶；画一僧人俯卧床上，床前立二人捧卧具拱手施礼，又一人身后有另一张床；按经文应是："宁卧此身大热铁上，终不敢以破戒之身受于信心檀越床卧敷具"。第二榜题为："菩萨宁身受□□终不受信心/□所医□□供养"；画一人于僧人背后捉袈裟举手欲打，僧人前立二人分别施礼和持钵，下又一人持短棒跪器物前；按经文应是："宁以此身受三百锋，终不敢以毁戒之身而受信心檀越医药"。第三榜题为："菩萨宁投热铁镬中终不破/戒受信心房舍供养"；画二人面向僧人，一人合十礼，一人用手指右上方房舍；按经文应是："宁以此身投热铁镬，不以破戒（之身）受信心檀越房舍屋宅"。第三行画面与榜题大部已被西夏壁画覆盖。

71　第123窟　窟顶藻井

此窟前室、甬道经五代后周广顺三年（公元953年）重修。主室窟顶为覆斗藻井式，四披画千佛。西壁开一平顶敞口龛，龛内清塑一铺五身，背光两侧画十二弟子，龛顶画菩提宝盖、飞天。南、北壁分别画西方净土变一铺和弥勒经变一铺。东壁门上画七佛，门南、北各画天王一身。窟顶藻井井心饰宝相花。宝相花是由莲花、牡丹融合而成，象征佛的庄严相。图中井心宝相花用八瓣卷瓣莲、八朵卷云纹和八片花叶组成，层层叠晕，饱满圆润。外围边饰联

珠纹、方格纹、莲瓣、小团花等等以及璎珞、流苏、彩铃、幔帷，也都强调叠晕涂色，使整个藻井显得丰富、华丽。

72　第117窟　窟顶藻井

此窟覆斗藻井顶，四披画千佛，千佛中各画说法图一铺。西壁开一平顶敞口龛，龛内塑一佛二弟子一菩萨，背光两侧画十弟子，龛顶画说法图，龛外西夏画菩萨、供养人等。南、北壁中唐分别画观无量寿经变一铺和弥勒经变一铺。东壁门南、北中唐分别画如意轮观音和不空羂索观音。窟顶藻井，井心饰六瓣团花，四角有角花，外围边饰菱形纹、团花、一花二叶纹、莲瓣等以及璎珞、流苏、彩铃、幔帷，层层叠晕，色彩已变，现状为暗褐色调，显得古朴、厚重。

73　第331窟　窟室内景
74　第331窟　窟顶藻井

前室、甬道存五代壁画。主室覆斗藻井窟顶。西壁开一坡顶敞口龛。龛内初唐塑一佛二弟子二菩萨（均经清修），清塑二菩萨，背光两侧画八弟子八菩萨。龛顶画赴会佛九身，俱在虚空莲花座上结跏趺坐，满天彩云花朵，二十二伎乐飞天往来翔舞。龛外两侧各塑天王一身，壁面转角处上部分别画文殊、普贤。南侧画文殊，骑青狮；北侧画普贤，骑白象，身后都有伎乐相随。文殊、普贤常随释迦为胁侍，在诸菩萨中是地位最高的。文殊象征智，青狮象征智之威猛；普贤象征理，白象象征理之广大。盛唐以后龛外两侧画文殊、普贤几成定格，此处可视为端倪。由于画在壁面转角，在视觉上增加了画面的空间感。南壁画弥勒经变，下部画女供养人十九身，侍女二十七身。北壁画西方净土变，下部画男供养人，现存三组。东壁门上画法华经变，门南、北侧各画说法图，下部画供养牛车。图版74藻井莲花井心，由八瓣莲、云头纹和小花组成，四个岔角以蝶形花为角花，外围边饰联珠纹、半团花、方格纹、波形小花等及垂角、幔帷，色彩淡蓝、赭红之中点缀青、绿，古朴典雅。藻井外绕飞天一周。四披画千佛。

75　第331窟　东壁上部　法华经变

这是莫高窟仅有的一铺横卷式构图法华经变。画面中部为见宝塔品，画多宝塔内释迦、多宝二佛并坐。塔顶之上有二飞天，塔顶两侧画十三尊佛于树下莲座上跌坐，身旁各随一菩萨，成一横排，是为释迦分身的十方诸佛前来赴法华会。宝塔左右两侧均表现法华会与会者的盛况。靠近宝塔席地而坐的是佛弟子，两边有观世音菩萨和大势至菩萨坐莲座上，背后都有菩萨簇拥，其上方是文殊菩萨骑狮像和普贤菩萨骑象像。菩萨之后，是众多的声闻、比丘、国王、天王等，这一场面应当是见宝塔品与序品的结合。宝塔塔座前有菩萨奉献璎珞，为妙音菩萨品。画面北端画菩萨从海中踊起，从龙宫飞升，为提婆达多品。画面南端下部画菩萨从地下踊出，为从地踊出品。南端中部画玉女宝、轮宝、兵宝、藏宝、象宝、马宝，俱在国王身后表示国王以上述宝物求法华经，内容亦属《提婆达多品》。此图构图有分有合，有散有聚，以法华会为中心，展开各品情节，铺排巧妙，别具一格，加之色彩瑰丽，是初唐法华经变的代表作之一。

76　第334窟　西壁龛顶　说法图

西壁开一平顶敞口龛，龛内塑一佛二弟子二菩萨二天王（均经清修），龛外南、北侧各塑一神兽（经清修）。龛内浮塑背光两侧画维摩诘经变。龛顶画说法图一铺。龛外两侧画千佛，龛下画供养人。龛顶的佛倚坐说法图，背景绘出了茂盛的菩提树和碧绿的芭蕉，人物俊秀，神态生动，周围五色彩云组成了椭圆形的边框。画面清新明朗，用幽雅的环境和人物的欣悦歌颂释迦说法的无上美妙。这也是初唐壁画的优秀作品之一。

77　第334窟　西壁龛内　佛像头光（部分）

龛内佛像头光系初唐原作，内外两层。内层采用莲瓣、花蕾等组成半团花纹样，外层则以不同角度的花朵和卷瓣莲花叶组成波状缠枝卷草纹。各层浮塑金边，贴金箔，闪闪发光。

78　第334窟　西壁龛内北侧维摩诘经变中　天女

龛内壁画维摩诘经变，北侧画维摩诘。图为维摩诘帐前天女，头戴山形高冠，身穿广袖长衫，披绿色云肩，下着米色长裙，脚踏方头履，左手摇羽扇。造型古朴典雅，亦不失当时所尚"曲眉丰颐"之态。

79　第334窟　西壁龛内北侧维摩诘经变中　化菩萨

80　第334窟　西壁龛内南侧　维摩诘经变（部分）

龛内北侧维摩诘帐下画化菩萨胡跪敬献满钵香饭，形象纯真可爱。龛内南侧画文殊师利。文殊座下，二菩萨或跪或立，合掌礼拜，又有一妇人在花丛中伏地叩拜，显然都是以虔敬的心情，聆听二位大士的论辩。在龛内两侧描绘维摩诘经变、劳度叉斗圣变这样着重表现矛盾双方的经变画，并利用塑像之间零碎的空间，穿插点缀有关的人物和情节，是初唐时期创造的一种新形式，为龛内装饰增添了活跃的情趣。

81　第334窟　南壁　阿弥陀经变（部分）

此窟南北两壁画千佛，中部各画西方净土变一铺，下部分别画女供养人和男供养人（皆已模糊）。图为南壁阿弥陀经变的局部，画师对菩萨神情刻画的成功，应是由于平时对善男信女在法会上的真实情状作过深入的观察。

82　第334窟　东壁门上　十一面观音

东壁两侧画千佛，下部南侧画供养牛车，北侧画供养驼、马。门上方画十一面观音一铺，为密宗画像。画师没有拘泥于经文的规定，将观音的十一个颜面作五层相叠，有如塔形。下层正中一面的宝冠中有一化佛。最上层作佛面。水池间生出莲座，十一面观音结跏趺坐于其上，右手举胸前作施无畏印，左手置左膝上作与愿印。观音两侧各有一供养菩萨，皆胡跪在莲花上，双手合十礼拜或托花盘供养。空间衬以花枝，背光和画面四周饰叠晕的卷草、莲花纹样和团花边饰，具有很强的装饰性。

83　第334窟　窟顶藻井

此窟主室覆斗藻井窟顶，藻井井心八瓣大莲花由花瓣、卷云纹、卷瓣莲组成，装饰精湛；外围边饰联珠纹、波状卷草纹、方格团花纹、半团花纹以及花串纹，没有幔帷、

垂角、璎珞和流苏。纹样分别以朱砂、赭石或浅青为地色，与白色相衬托，对比鲜明，明快大方。藻井以外，四披遍绘千佛。

84　第71窟　北壁　阿弥陀经变（部分）

85　第71窟　北壁　阿弥陀经变（部分）

86　第71窟　北壁　阿弥陀经变（部分）

窟室覆斗藻井顶，西壁开一平顶敞口龛，龛内塑一佛二弟子二菩萨，画赴会佛、飞天等，此窟早已熏黑，两侧壁经变画均模糊难辨。近年经敦煌文物研究所用药物对北壁进行部分清洗，露出了精美的初唐画迹。北壁可辨识为西方净土变。图版84为主尊左侧的二身菩萨，皆戴宝冠、梳高髻，青发分披双肩，交脚趺坐于伏瓣莲上；前面一身形容较好，沉浸在恬静的思维之中；后一身手拈小花，动态轻松自如。主尊右侧的一组菩萨，中间右侧于莲台上半跏坐的是观世音菩萨，二菩萨胁侍，处身在楼阁、水榭、石阶、玉栏之间（图版85）。图版86是主尊座下一身胡跪供养菩萨，画的是背面，头偏转，露出侧脸，左手托花盘齐肩。

87　第332窟　西壁龛下　越三界菩萨

前室、甬道皆存五代壁画，甬道两壁下部又有元画供养人。主室前部人字披顶，顶饰千佛，西披中部画法华经变见宝塔品；后部平棋顶，饰千佛。主室后部有中心塔柱，塔柱东向面与人字披顶西披相连。塔柱东向面与南、北壁前部人字披下各塑一铺大型立像，均为一佛二菩萨。塔柱南面画卢舍那佛一铺、西面画药师佛一铺、北面画释迦佛灵鹫山说法图一铺。东壁门上画观音净土变，门北画灵鹫山说法图，门南画阿弥陀佛五十菩萨图。南壁后部画大型涅槃经变一铺，北壁后部画维摩诘经变一铺，西壁开一龛口宽敞的大圆券龛，龛内塑佛涅槃像及二菩萨，已残。龛外两侧画菩萨，龛下画供养菩萨一列。此窟原存唐武周圣历元年《李克让修莫高窟佛龛碑》一方。初唐壁画多在下部绘供养菩萨像，此窟在西壁涅槃像龛下画十四身供养菩萨像，线描与色彩都保存尚好，虽经烟熏与磨蚀，仍保持鲜艳的本色，而且，菩萨形象俊秀美丽，诚为难得。这一身，面相丰腴，眉高眼秀，鼻直嘴小，一手拈花，一手托琉璃盘，榜题为"越三界菩萨"。

88　第332窟　中心柱北向面　灵鹫山说法图

中心柱北向面画有一佛二菩萨，背景中有山岳，以示释迦在灵鹫山说法。主尊左手作与愿印。右胁侍菩萨一手持净瓶、一手持杨柳，宝冠上有化佛，当为观音菩萨。图像剥落较严重，但华盖、山岳、佛背光及衣饰等都历历可辨。

89　第332窟　南壁后部　涅槃经变（部分）

90　第332窟　南壁后部　涅槃经变（部分）

91　第332窟　南壁后部　涅槃经变（部分）

南壁后部画完整的涅槃经变，在莫高窟壁画中是仅见的例子。图上部东段画佛于拘尸那城娑罗双树间涅槃之后，诸国王各领兵众，前来争舍利，各言佛舍利我应独得，"不与则四兵在此，不惜生命，当以力取"（《长阿含经》）。画面上丘陵起伏，河水滔滔，争舍利的各国兵众执盾牌、挺长

矛，坐下战马飞驰，正在激烈地交战（图版89）。紧接争舍利战争场面的西侧，画络绎而来求舍利的民众（图版91）。据《长阿含经》："时遮罗波国诸跋罗民众及罗摩加国拘利民众、毗留提国婆罗门众、加维罗卫国释种民众、毗舍利国离车民众及摩竭陀王阿阇世，闻如来于拘尸城双树间取灭度，皆会言令我宜往求舍利分之。"图中表现各国王者及民众骑马沿恒河前往拘尸城求舍利的途中。图版90画释迦为母说法图。据《摩诃摩耶经》，释迦灭度后，释迦之母摩耶夫人自忉利天降下哀悼释迦。佛以神通力使棺盖自启，从棺中坐起为母说法："一切行无常，住是生灭法，生灭既灭已，寂灭为最乐。"图中画释迦坐棺上说法，摩耶天人和侍从天女以及弟子、菩萨等围绕听法。

92 第332窟 东壁门上 观音净土变

观音净土，据《大唐西域记》卷十："秣刺耶山东有布呾洛迦山（Potalaka），山径危险，岩谷敧倾，山顶有池，其水澄镜，流出大河，周流绕山二十匝，入南海。池侧有石天宫，观自在菩萨往来游舍"。图中观音菩萨结"吉祥坐"于宝池中，空中化佛乘云而来，池中化生菩萨围绕听法，莲花盛开，水波荡漾。此或即布呾洛迦山顶之池。

93 第332窟 东壁北侧 灵鹫山说法图（部分）

灵鹫山，即耆阇崛山，为释迦说法华经之处。东壁北侧画释迦灵鹫山说法图一铺，佛坐金刚宝座，菩萨、弟子、护法药叉侍立两侧，背后山峦起伏，座前画出宝池、莲花、化生、鸳鸯等，线描纤细流畅，人物造型端庄、淳厚，继承了隋代人物画的风格。

94 第332窟 东壁南侧 阿弥陀三尊五十菩萨图

据《集神州三宝感通录》卷中，昔天竺鸡头摩寺五通菩萨，往西方求阿弥陀佛赐降佛形象，即此一佛五十菩萨各坐莲花像。类似的画面亦见于日本法隆寺。

95 第217窟 西壁南侧 大势至菩萨

此窟建于神龙年间（公元705～707年），但壁画已具备典型的盛唐风格，以其艺术上的成熟和手法的精湛，已与前述初唐洞窟显示出不同的特点，通常将此窟作为盛唐艺术的代表窟。此窟主室覆斗藻井顶，西壁开一平顶敞口龛，龛内塑像皆残，浮塑背光两侧各画四弟子二菩萨，全龛原塑、绘合计约为十弟子八菩萨。西壁龛外两侧，北侧画观世音，南侧画大势至，图中菩萨头戴宝瓶冠、穿锦绣僧祇支，披巾长垂，白裙曳地，双手合于腹前，凝神伫立，原先莹白的面色已经变色，华丽服饰的精心描绘令人叹服。

96 第217窟 西壁龛内北侧 弟子（部分）

背光北侧画一弟子，面色红润，眉长过鼻，表现为一位淳朴和善的老人，是唐代壁画中少见的"长眉罗汉"。

97 第217窟 西壁龛顶 说法图（部分）

龛顶壁画南部已残，北部色彩保存较好，中部残存释迦说法图，说法图北侧以云气分隔，画释迦为四众说法、释迦回迦毗罗卫城、罗睺罗出家等三个画面。

98 第217窟 西壁龛内北侧 菩萨

龛内北侧龛口内两身菩萨画像，面貌庄重严整，线描纯熟有力，造型准确，一丝不苟。菩萨画像下方塑像虽残毁，项光犹存，图中右侧项光二层装饰，均作不同组织的半团花纹样；左侧项光作三层装饰，外层饰团花，中层饰莲花、云头纹，内层呈一八瓣莲。二项光均以朱砂、石青、石绿为地，色彩富丽，绚烂无比。龛口边饰绘菱格纹，饰四瓣花，施以叠晕。

99 第217窟 西壁龛顶 说法图（部分）

西壁龛顶最引人注目的画面，是释迦说法图北侧，释迦成道之后回迦毗罗卫城，释迦姨母求度为沙门的场面。图中画庑殿顶的城楼，城门启处释迦率弟子乘云而来，姨母等在门口迎接。城墙上用不同颜色的方块材料贴面，既具有装饰效果，在建筑施工上也能提高防水性能。

100 第217窟 南壁 法华经变

唐代法华经变，至此趋于成熟。北壁整壁描绘这一经变，以序品为中心，向左、右、下方展开各品情节。序品细致地描绘灵鹫山上，释迦向会众说法华经的情景。图中除听法菩萨外，东侧空白处点缀了身穿桂衣的贵族供养人形象。释迦佛身绕光环，头顶放白毫相光，照东方万八千世界。上方相光所照之处，画一长列横向排列的建筑。画家为适应画面空间及构图的需要，将一所复杂的院落建筑展开成横列，东端有八角攒尖顶的单层建筑物，在莫高窟壁画中并不多见，其形式与日本法隆寺梦殿相似。序品东侧上起有方便品、法师品等，序品下方有药王菩萨本事品、随喜功德品等，序品西侧有提婆达多品、化城喻品等。化城喻品画譬喻故事：众人欲到宝地取宝，苦于路途遥远，且多艰险。众人走了一程，畏难欲返，这时有导师以神通力化做一城，让众人休息。休息之后，导师又隐去化城，引导众人继续前进。图中画山峦重叠耸峙、绿树成荫，并有河流蜿蜒其间，在这样的环境之中刻画人物在途中的活动，是一幅出色的山水人物画。

101 第217窟 南壁东侧 法华经变（部分）

序品东侧法师品中，上部画廊庑，内有四法师席地而坐，中部有一单层圆塔，内有佛像，塔前有人瞻仰跪拜。圆塔筑于砖砌台基上，钟形塔身，上部有三层叠涩出檐，檐边饰山花蕉叶，覆钵顶，塔刹上有四重相轮，刹端饰仰莲。唐代圆塔屡见于记载，实物已无存。

102 第217窟 南壁中部法华经变（部分）

图为序品中的部分场面。听法菩萨或坐或立，衣饰、手势、动态各不相同，远近高矮也不一样，既表现了会众的不同身份，也避免了构图的呆板。图左上侧俗家衣饰者为供养人形象。

103 第217窟 北壁 观无量寿经变
104 第217窟 北壁 观无量寿经变（部分）

观无量寿经变与通常的阿弥陀经变不同，在两侧画未生怨故事与十六观。西侧上部还画了佛在灵鹫山说法，并放眉间相光现十方诸佛令韦提希见，占去了未生怨故事的一些壁面。未生怨故事因而向阿弥陀净土下方延伸，并与东侧十六观画面相联接。构图形式与南壁法华经变大略对称。壁面中部阿弥陀净土，居中画主尊阿弥陀佛与四胁侍菩萨(图版104)，两侧平台上分别为以观音或大势至为首的菩萨群像。上部画宏伟的大型建筑群，中间是前、后佛殿，后佛殿两侧有回廊环绕，并自成一小院，前佛殿院中两边共八座建筑，一边四座：有常见的二重楼阁；又有一种二层楼阁上下层之间不设腰檐，上层栏杆直接架设在下层的斗拱上，与日本法隆寺经楼结构很相似；还有一种楼阁，下层为砖石砌成台基，因而可称作"台"，西侧为钟台，东侧当为经台。图中建筑结构描绘清晰具体，比例也较准确，具有参考价值。

105　第217窟　北壁东侧　十六观 (部分)

《观无量寿佛经》云：王舍城摩竭陀国王名阿阇世，其父名频婆娑罗、母名韦提希。阿阇世生前与父结怨，长大以后与恶友交往，幽囚其父于七重室内。母韦提希为救国王，澡浴净身，用蜜拌炒面涂身，以璎珞盛葡萄浆，密潜至七重室内。老国王食面饮浆，合掌向耆阇崛山遥礼释迦，誓言愿兴慈悲，受持八戒，霎时佛遣弟子目犍连、富楼那飞来为王说法。阿阇世得知，即执利剑欲杀其母，经大臣劝阻，乃将母幽禁深宫。韦提希在室内愁忧憔悴，遥向耆阇崛山礼佛，礼毕，即见佛坐百宝莲花座从空而来，虚空普降天雨花。韦提希举身投拜，誓言愿弃浊恶现世，往生佛国。韦提希愿生西方净土，佛为其说修十六想观之法。图中为北壁东侧十六观上部画面，为日想观、水想观(包括琉璃想)、地想观。

106　第217窟　北壁　观无量寿经变 (部分)
107　第217窟　北壁　观无量寿经变 (部分)

图版106为东侧下部。在立佛与坐佛之间有听法菩萨、供养菩萨。此外还有在未开放莲花中的童子，均作跪姿合掌状，莲瓣仅作线描轮廓，具有玻璃般透明的效果。乐舞场面是唐代经变画中最吸引人的部分之一。隋唐的九部伎、十部伎汇集了各族人民的音乐舞蹈的精华，具有高度的造诣。瞬息即逝的舞蹈动作至今已不为人所知，从有限的文字记载很难推想当时的真实情况，敦煌壁画中再现了当时多姿多彩的音乐舞蹈场面，为我们保存了极其珍贵的历史资料。阿弥陀净土的下部着重表现七宝池、八功德水之间的歌舞娱乐场面，下部中间的二人舞蹈(图版107)，是壁画中少见的拓枝舞，舞者手执长带，在莲花上急速旋转，是健舞的一种。

108　第217窟　东壁
109　第217窟　东壁门上　灵鹫山说法图
110　第217窟　东壁北侧　观音经变 (部分)

东壁通壁画法华经变观音普门品。法华经变中的观音普门品常独立成幅，且不乏通壁巨构，人们往往称之为"观音经变"，此即其例。东壁门上画释迦在灵鹫山说法场面(图版109)，其左侧的菩萨似在发问，当即经文所述无尽意菩萨。门两侧上部主要画观音济诸难，下部画三十三现身，南侧上部邻近说法场面为全图尾声：观音菩萨诣多宝塔前奉献璎珞。门北侧比丘立像为五代画沙门洪认供养像。左侧上方建筑物中的人像是三十三现身的宰官身，其右下则是现优婆夷身、妇女身(图版110)等观音救度世人的画面。

盛　唐

(公元712~781年)

111　第328窟　西壁

此窟前室、甬道存五代、西夏画。主室覆斗藻井顶，交杵卷莲井心，四披西夏画棋格团花图案。四壁除西壁龛内之外均为西夏壁画。西壁开坡顶敞口龛，龛内外塑一佛二弟子二菩萨四供养菩萨(现存三身，龛内南侧一身于1924年被美国华尔纳盗走，今存美国波士顿博物馆)，浮塑背光两侧画八弟子二菩萨，龛顶画说法图一铺。

112　第328窟　西壁龛顶　说法图
113　第328窟　西壁龛顶　说法图 (部分)

图版112为弥勒说法图，中央为善跏坐弥勒佛说法相，左右众菩萨当弥勒成佛时听佛说法，周围绕以彩云。图版113为弥勒左胁侍菩萨，以及弟子、听法菩萨、供养菩萨等。有的颜料已变色，但大多仍不失鲜艳，可见当年赋彩的灿烂华丽。

114　第328窟　西壁龛内　坐佛
115　第328窟　西壁龛内北侧　半跏菩萨
116　第328窟　西壁龛内南侧　阿难 (部分)
117　第328窟　西壁龛内北侧　迦叶
118　第328窟　西壁南侧　供养菩萨
119　第328窟　西壁龛内北侧　供养菩萨

第328窟西壁龛内外现存八身彩塑保存较好，是唐代的代表作。塑像已经离开壁面，成为相当成熟的圆塑，充分发挥了彩塑的特长。居中的佛像(图版114)高2.19米，仅面部和手的肤色经后代重新绘彩，其余皆保持原作状貌，这在唐塑佛像中是很少有的。佛像的制作受严格的规范限制，在艺术创作上较少自由，但作者运用塑、绘结合的手法，通过衣褶、垂裾、佛光和佛座的精心刻画，使佛塑像显得灿烂多彩。菩萨像均高约1.90米(连座)，作游戏坐式(图版115)，衣饰华丽，装饰效果十分鲜明，造型严谨，表现出菩萨的深沉和智慧。弟子，南侧为阿难(图版116，高1.83米)，北侧为迦叶(图版117，高1.80米)，两身塑像通过不同的动态和神情表现出不同性格类型人物的内心活动。胡跪供养菩萨的文静、虔诚也刻画得很成功(图版118、119)。壁画中的菩萨、弟子与塑像之数合为四大菩萨、十大弟子。此龛塑像与典型的盛唐彩塑稍有不同，面相略长，尚具初唐韵味。

120　第130窟　坐佛 (南大像，部分)

此窟为莫高窟的两个大佛窟之一。甬道南、北壁上部各开一盏形顶龛，下部分别为盛唐画太原王氏母女及侍从供养像和晋昌郡太守乐廷瓌等供养像。上下明窗内存宋画。主室覆斗藻井顶，团龙井心，东壁表层为西夏画菩萨，底层盛唐画涅槃经变，南、北壁画胁侍菩萨均经西夏改画或增绘。西壁塑大佛坐像，高达26米，此即《莫高窟记》载"开元中僧处谚与乡人马思忠等造南大像"，为善跏坐弥勒佛像。塑匠在进深仅10米的洞窟内先凿出内胎，然后以草泥塑造形象。作者有意加大头部的比例，以适应仰视。同时，在五官刻画上，夸张了形体的起伏，以利用光影的效果使面相格外清晰。大佛头光纹样为盛唐所绘，色彩经宋代重新填涂。头光纹样分五层，有莲瓣纹、波状莲花卷草纹、团花和云纹，图案丰满严整而又生动流畅。

121 第205窟 西壁北侧 观音菩萨与供养人

此窟始建于初唐，窟顶和北壁彩绘系初唐作品，南壁、西壁、东壁及塑像系盛唐、中唐、五代所为。前室、甬道经五代重绘。主室窟顶覆斗形，藻井画三兔井心，四披画千佛。室内设中心佛坛，塑一佛、二弟子、二菩萨、二供养菩萨，并有中唐塑二天王。东壁存五代画。南壁上部盛唐画说法图二铺、观音经变一铺，中部画西方三圣、说法图各一铺及千佛、供养人，下部五代画壶门伎乐。北壁画西方净土变、灵鹫山说法图各一铺，下部五代画壶门伎乐、供宝。西壁中唐画大型弥勒经变一铺，其左右两侧上部中唐分别画文殊、普贤，下部均为盛唐画观音与女供养人。据《法华经·观音普门品》，观世音菩萨以三十三现身普度众生，解脱苦难；只要称其名，观其音声，皆得解脱。在药师净土，观世音菩萨又是八尊接引菩萨之一，有求必应。图中高大的菩萨俯首向着人间的女子，伸右手将璎珞递下，以示接引。人间女子手持香炉，后随侍从，虔心供养。

122 第205窟 中心佛坛南侧 半跏菩萨
123 第205窟 中心佛坛北侧 菩萨（部分）

中心佛坛上南侧游戏坐（半跏趺坐）菩萨塑像为盛唐杰作，虽已残损，但仍使人感到丰腴健美，结实有力，而且，作为出色的圆塑，四面观看均能给人以艺术感染，雕塑技艺十分高超（图版122）。图版123为中心佛坛北侧的菩萨立像，面部较南侧菩萨半跏像为完整。两者相比，可据以考察菩萨半跏像残损的颜面部。但此像身体肌肤等的表现，缺乏生动感。

124 第45窟 西壁

此窟前室、甬道存五代画。主室覆斗藻井顶，团花井心，四披画千佛。东壁门南侧画观音菩萨一身，门北侧中唐画地藏、观音各一身。南壁画观音经变。北壁画观无量寿经变。西壁开一平顶敞口龛，龛内塑一佛二弟子二菩萨二天王，画六菩萨。龛外两侧分别画观音、地藏菩萨。龛内塑像一铺七身，其中佛、菩萨、弟子皆入莫高窟最佳彩塑之列。龛外原有两身塑像，已无存。

125 第45窟 西壁龛顶 法华经变见宝塔品

西壁龛顶画华盖，华盖以上为法华经变见宝塔品一铺。多宝塔作帐形，楣饰璎珞流苏悬铃，帐顶放射五彩光芒。两侧画众多菩萨供养，周围画彩云环绕，表明因释迦神力升在虚空。整个龛顶装饰效果庄严华丽。

126 第45窟 西壁龛内 坐佛
127 第45窟 西壁龛内南侧
128 第45窟 西壁龛内北侧
129 第45窟 西壁龛内南侧 菩萨（部分）
130 第45窟 西壁龛内南侧 阿难（部分）

西壁龛内正中的释迦牟尼佛（图版126），脸型丰满圆润，两眼细长，穿僧祇支、红色袈裟，结跏趺坐，左手置膝上，右手作施无畏印，佛光装饰富丽堂皇。两侧弟子为

迦叶、阿难，表现迦叶的阅历高深和阿难的年青潇洒都很成功。两身菩萨塑像面带微笑，恬静慈祥，全身作"S"形的动态，表现出女性的妩媚。与弟子菩萨的形象形成对比，两身天王则显得威武凶猛，在大体相似的姿势中，也表现了各不相同的面部表情（图版127、128）。此窟的菩萨塑像，戴宝冠、结高髻，上身裸体，饰璎珞披巾等物，脸庞胸腹等肉体的表现显示出高度的艺术功力（图版129）。阿难虽着内衣和袈裟，但仍可看出对人体结构的准确把握。他目光所视，表现出对释迦的虔敬，同时也焕发出聪明睿智的光芒（图版130）。

131 第45窟 南壁 观音经变
132 第45窟 南壁东侧 观音经变（部分）
133 第45窟 南壁西侧 观音经变（部分）
134 第45窟 南壁西侧 观音经变（部分）
135 第45窟 南壁观音经变中 观音菩萨（部分）

所谓观音经变系根据《法华经·观音普门品》绘制而成，独立成幅。此图居中画观音菩萨立像（图版135），冠上有化佛、裸上身、斜披巾、佩珠串璎珞、左手持瓶，上方有装饰富丽的莲花摩尼宝盖，图下部已残。观音立像的东侧（图版132），画面大体分上中下三排。上排自左起，依次为："应以毗沙门身得度者，即现毗沙门身而为说法"；"应以天大将军身得度者，即现天大将军身而为说法"；"应以大自在天身得度者，即现大自在天身而为说法"；"应以自在天身得度者，即现自在天身而为说法"；"应以帝释身得度者，即现帝释身而为说法"。中排画面上下交错，自左起，依次为："应以小王身得度者，即现小王身而为说法"；"应以比丘比丘尼优婆塞优婆夷身得度者，即现比丘比丘尼优婆塞优婆夷身而为说法"；"应以童男童女身得度者，即现童男童女身而为说法"；"应以婆罗门身得度者，即现婆罗门身而为说法"；"应以长者居士宰官婆罗门妇女身得度者，即现妇女身而为说法"；"应以居士身得度者，即现居士身而为说法"；"应以宰官身得度者，即现宰官身而为说法"。下排左起，依次为："或被恶人逐，堕落金刚山，念彼观音力，不能损一毛"；"或在须弥峰，为人所推堕，念彼观音力，如日虚空住"；"假使与害意，推落大火坑，念彼观音力，火坑变成池"，以下画面已剥落残毁。观音立像西侧，上排左起，依次为："应以梵王身得度者，即现梵王身"；"应以声闻身得度者，即现声闻身而为说法"；"应以辟支佛身得度者，即现辟支佛身而为说法"；"应以佛身得度者，观世音菩萨即现佛身而为说法"，西端画面有菩萨趺坐于双树下莲座上，前设大案，陈饮食、衣服、卧具、医药等，一人跪地礼拜供养。以下画面有："若多愚痴，常念恭敬观世音菩萨便得离痴"；"若有女人设若求男，礼拜供养观世音菩萨便生福德智慧之男，设若求女便生端正有相之女"；"若有众生多于淫欲，常念恭敬观世音菩萨便得离欲"；"有一商主，将诸商人，赍持重宝径过险路，……一心称观世音菩萨名号，于此怨贼当得解脱"（图版133）；"若有罪若无罪，杻械枷锁检系其身，称观世音菩萨名者皆得解脱"；"或遇恶罗刹，毒龙诸鬼等，念彼观音力，时悉不敢害"；"有多嗔恚，常念恭敬观世音便得离嗔"；"或值怨贼绕，各执刀加害，念彼观音力，刀寻段段坏"。下排画一大船，扬帆水中（图版134），表现求宝人于大海中遇黑风、罗刹鬼等，其中有一人称观世音菩萨名号，诸人皆得解脱。以下画面

皆残。画面中以山和榜题作间隔，有选择地表现观世音菩萨救济诸难及三十三现身的一些情节，描绘生动，是盛唐壁画的代表作之一。

136 第45窟 北壁 观无量寿经变
137 第45窟 北壁 观无量寿经变（部分）

此窟彩塑壁画均显示很高的水平，北壁画观无量寿经变一铺，构图概括、集中，疏密有致。中部画阿弥陀佛和众菩萨等西方净土圣众及殿堂楼阁。下部画舞乐，乐队分两组，右侧一组画乐人七身（图版137），分别擘箜篌，吹箫，排箫，打腰鼓，鼗鼓，挡琵琶等。人物形象朴拙可爱。

138 第45窟 北壁西侧 十六观

图中画出十六观中的十三种。自左上角起依次为：日想观、水想观、地想观、宝树想观、八功德水想观、总想观（画楼阁）、莲华座想观、佛像想观、佛真身想观、观世音想观、大势至想观、中品中生观（画阿弥陀佛与二胁侍）、下品下生观（往生七宝池莲花内）。所绘人物衣冠服饰等，都是当时现实生活的写照。

139 第45窟 北壁东侧 未生怨

北壁东侧画未生怨故事，下部残，所存部分情节由下至上，共分四段：第一段画阿阇世太子问守门人父王的情况，被告知王后身涂蜜、面，璎珞盛浆，往幽囚处私探国王；第二段画阿阇世太子手持利剑欲杀母后；第三段画王后韦提希被幽囚，向佛遥拜，于是佛前来现身说法；第四段画佛嘱阿难告韦提希修十六想观，背景是山水。前三段均画庭院环境。

140 第33窟 西壁龛内南侧 菩萨（部分）
141 第33窟 西壁龛内北侧 菩萨（部分）

此窟主室覆斗形顶饰团花卷莲藻井，藻井四周环绕飞天十六身，四披画千佛。东壁门南中唐画观音、地藏各一身，五代画比丘一身；门北中唐画观音一身，五代画比丘供养像。南壁画弥勒经变一铺，下存供养人六身。北壁画千佛，中央有说法图一铺（下模糊）。西壁开一平顶敞口龛。龛内清塑佛一铺，龛外南、北力士台上各塑一兽。龛内背光两侧画菩萨各二身、弟子各四身。龛顶菩提宝盖上画说法图、受记图。龛外两侧中唐画菩萨各一身（经五代重描）。图为龛内背光两侧胁侍菩萨，面相丰腴、比例匀称、线描纯熟；肉色变黑，墨线褪成白色，反显得轮廓愈加清晰。

142 第33窟 南壁东侧 弥勒经变（部分）

据《弥勒下生经》，弥勒净土"女人五百岁乃行嫁"。南壁弥勒经变的右上角画嫁娶场面，图中布幔围成的小院中，一顶人字顶的帐幕，内有宾客对坐宴饮。帐前铺一地毯，新郎和新妇在上面行礼，有男女数人陪伴。嫁娶场面至盛唐时期才开始见于壁画，据唐段成式《酉阳杂俎》，"北朝婚礼，青布幔为屋，在门内外，谓之青庐，于此交拜、迎妇……"，看来，唐代的嫁娶仪式与北朝相差不远。

143 第113窟 西壁

此窟前室甬道存五代壁画。主室窟顶覆斗形，饰团花藻井，四披画千佛。南、北壁西端画夜叉；夜叉以东，分别画观无量寿经变和弥勒经变。东壁门上和门北画法华经变普门品，门南画千手眼观音。西壁开一盝顶帐形龛。龛内塑善跏坐佛及二弟子、二菩萨，龛外台上塑二天王。龛内背光两侧屏风内画八弟子。龛顶画棋格团花图案，四披画药师佛共二十一身。龛外两侧各画力士二身。

144 第129窟 窟顶藻井（部分）

此窟主室窟顶覆斗形，藻井井心画团花，已因剥落而漫漶，外围边饰有菱形纹、小团花、半团花、龟背纹、莲瓣纹、垂角纹、花瓣纹及彩铃、流苏、幔帷纹样。赭红、黑色为地，青绿画纹样，层层叠晕，充分显示了重彩着色的效果。

145 第319窟 西壁坛上北侧 半跏菩萨（部分）

主室盝形窟顶，西壁佛坛上塑释迦说法像、二弟子、二菩萨、二天王，浮塑背光两侧画佛弟子六身。南、北壁各画二菩萨一弟子及千佛。图为佛坛北侧彩塑菩萨像，于莲座上作游戏坐式，全身彩绘均已变色，唯造型仍保持原作精神。

146 第319窟 窟顶藻井

盝形顶藻井呈长方形，东端已残。井心图案大约由四朵大宝相花组成，各层边饰有联珠纹、云头纹、波状卷草纹、小团花等纹样。丹黄色涂地，效果不同一般。

147 第46窟 西壁

此窟前室、甬道经五代重修，存五代、北宋壁画。主室覆斗形顶，团花井心，四披画千佛。西壁开一平顶敞口龛，龛内塑善跏坐佛像、二弟子、二菩萨（南侧一身已失）、二天王，浮塑背光两侧画二菩萨，龛顶画见宝塔品。龛外两侧画二菩萨。北壁中央龛内塑七佛，龛外画千佛，龛西侧画一菩萨。南壁中央龛内塑释迦涅槃像、弟子、舍利弗、神将、佛母等。龛外画千佛，龛西侧画一菩萨。东壁画千佛。盛唐壁画的艺术风格，由设色秾丽、金碧辉煌，逐渐转向敷彩简淡、清新雅丽的新画风，此窟龛外的几身壁画菩萨可视为代表作。

148 第46窟 西壁龛顶 法华经变见宝塔品

龛顶画《法华经》中的《见宝塔品》，以多宝塔中释迦、多宝二佛并坐像居中，塔前画奉献璎珞的妙音菩萨，两侧画因释迦神力升到虚空的赴会菩萨，描绘严谨，色彩富丽，装饰味道甚浓。

149 第46窟 西壁龛内北侧 天王

天王作武士装，铠甲征衣彩绘精细，金光闪亮。人物造型饱满有力，双手叉腰，神态威严，似乎浑身都是力量，是盛唐最好的天王塑像之一。

150 第39窟 西壁龛内南侧 飞天
151 第39窟 西壁龛顶 飞天

此窟前室、甬道存五代、西夏壁画。主室形制为中心柱式。前部人字披顶，后部平顶，后部靠前有中心龛柱通连窟顶。龛柱东向面开龛，内塑佛、二弟子及清塑二菩萨，背光两侧画八弟子，龛顶画说法图，龛外两侧画二天王。

龛柱南、西、北三面均画千佛，柱基座五代画壹门伎乐。东壁门上画千佛，门南、北五代画文殊、普贤及供养比丘。南壁开一斜顶圆券龛，内塑一佛及清塑二菩萨，背光两侧画四弟子，龛顶画菩提宝盖及散花飞天。北壁斜顶圆券龛内清塑三身，背光两侧画十大弟子，龛顶画菩提宝盖及飞天。西壁敞口大龛内塑涅槃像一铺，共二十七身，画菩提树、散花飞天、梵天女奉佛母奔丧等。龛外壁面及整个窟顶满布千佛。西壁涅槃像龛内，卧佛塑像上方壁画有五身散花飞天。据《大般涅槃经·机感荼毗品》："尔时一切天人于大圣尊宝棺前路，遍散七宝真珠香花璎珞微妙杂彩，缤纷如云，地及虚空悉皆遍满"，"七宝璎珞垂虚空中覆佛圣棺，无数香花幢幡璎珞，音乐微妙杂彩空中供养"。图中飞天双手捧香花供养，璎珞、杂彩遍满空中，飞天的长裙和披巾以及杂彩花饰，在彩云衬托下，更显五色斑烂，分外绚丽。

152　第103窟　南壁　法华经变（部分）
153　第103窟　南壁西侧　法华经变化城喻品
　　此窟于清代中叶一度被封闭，前室壁画尽遭熏炙。主室覆斗形顶，团花藻井，四披画千佛。东壁画维摩诘经变，门上为佛国品，门南维摩诘，门北文殊。南壁画法华经变。北壁画观无量寿经变。西壁开一平顶敞口龛，龛内塑一佛二菩萨，清塑二弟子二菩萨。龛内画二菩萨八弟子。龛顶残。龛外两侧各画菩萨一身。南壁画法华经变一铺，中间为序品，西侧为化城喻品，东侧为妙庄严王本事品。图为序品中主尊释迦右侧的局部，色调青绿与朱赭交辉，是盛唐金碧辉煌画风的典型，人物端庄，丰肌秀骨。西侧化城喻品同第217窟南壁化城喻品一样，是又一幅盛唐壁画的代表作，亦是难得的山水人物画佳品。

154　第103窟　东壁北侧维摩诘经变中　文殊
　　东壁的维摩诘经变，通常都是在甬道门内的北侧画前来问疾的文殊师利，与门南侧的维摩诘相对。除了表现文殊菩萨从容对答之外，还有随行的佛弟子和帝王群臣。图中站立在菩萨身后的弟子们，有的交头接耳，有的像是迷惑不解，有的若有所悟，有的在苦苦思索，种种神态都是听众对于这场非同寻常的辩论的不同反应，体现出作者为烘托主题所作的努力。文殊下部的帝王图中，前后侍臣簇拥，帝王的身体比臣子们的要高大，以突出其地位。与第220窟维摩诘经变中的帝王相比，此窟的帝王像和善有余，而威风略显不足。

155　第103窟　东壁南侧维摩诘经变中　维摩诘
　　画面上部为不思议品，并与门上的佛国品紧相衔接，中部画问疾品中的维摩诘居士，下部画各国王子及香积佛品。构图与贞观十六年的第220窟维摩诘经变大同小异，但敷彩简淡而着力于线描。盛唐著名画家吴道子首创"落笔雄劲，傅彩简淡"的新画风，将用线造型的艺术技巧推向高峰。此窟东壁维摩诘经变壁画设想可以作为这种画风的代表，与南北两侧壁金碧秾丽的画面适成对照。最引人注目的是对维摩诘形象的塑造。这个睿智善辩的居士，探身向前，扬眉启齿，正向着文殊菩萨发出咄咄逼人的诘难。作者用线刚劲有力，诚如史籍记载吴道子画："虬须云鬓，数尺飞动，毛根出肉，力健有余"。

156　第103窟　东壁门上　维摩诘经变佛国品
　　佛国品是《维摩诘所说经》的第一品，经文中说佛在毗耶离城庵罗树园说法时，有宝积长者并五百子各以七宝盖献佛，佛使神威令诸盖合为一盖，遍覆三千大千世界。东壁门上画宝积长者及诸子向佛献宝盖；又画一佛二菩萨，上方三顶宝盖正被流云涌向一处，以表示合诸盖为一盖。

157　第103窟　西壁龛顶（部分）
　　此窟西壁平顶敞口龛龛顶存部分云气残画，图为龛口上沿团花边饰。团花纹样与地色形成色彩对比，使图案显得鲜艳明快、轮廓清晰。

158　第23窟　西壁龛内南侧　菩萨（部分）
　　此窟前室、甬道存五代壁画。主室覆斗形顶，莲花藻井，四披画经变，西披为弥勒经变、北披为多子塔图、东披、南披为观音经变。东壁门上画法华经变常不轻菩萨品，门南、北画法华经变。南壁、北壁均画法华经变。西壁开盝顶帐形龛，龛内清塑佛一铺七身。龛内背光两侧存壁画天王、菩萨，龛顶中央画棋格团花、四披画药师佛和菩萨。龛外两侧画地藏、菩萨。图为龛内南侧壁画菩萨，作者用准确有力的线描造型，妩媚生动，设色艳丽，其中手的表现尤为出色。

159　第23窟　南壁东侧　法华经变（部分）
　　图中画的不是城，而是住宅，宅院墙外有行旅绕过，这是化城喻品的又一种表现形式。住宅庭院外围夯土围墙，正面有乌头门，内院有三开间上房，两侧各有侧室四间。这样的住宅建筑是当时现实生活的反映。

160　第23窟　北壁西侧　法华经变（部分）
　　紧接上图的下部，画住宅及楼阁，内容不详，上为歇山顶两重楼阁，楼阁下为一座庭院，院中有厅堂三间，并有居室、回廊。

161　第23窟　北壁西侧　法华经变药草喻品、方便品
　　图中上部为药草喻品，画天空乌云密布，田地阡陌间禾木药草生长茂盛，农夫在紧张地耕种与收获，并有农妇到田头送饭这样充满生活情趣的场面作为点缀，把一幅雨中耕作的画面表现得象田园诗般的优美。图中上下三块四方的榜题分别为："慧云含润电光晃曜雷声远震令众悦豫其雨普等四方俱下千地等温药木并茂"；"草木譬 □生 云 □譬 雨 如来 说法"；"譬如三千大千世界所生大卉木小根小茎小枝小叶中根中茎中枝中叶大根大茎大枝大叶一云所雨洽温生长"。图下部为方便品，左侧画一塔，塔前有人舞蹈、跪拜，一组伎乐席地而坐，奏横笛、铜钹、腰鼓、拍板、笙箫等，榜题为："造□造像香花供养音乐供养或称名或礼拜如是人等皆成佛道"。榜题下方画四童子"聚沙成塔"。

162　第23窟　窟顶东披　法华经变观音普门品（部分）
163　第23窟　窟顶东披　法华经变观音普门品（部分）
　　图版162中以山水为背景，画屋舍内男女对坐闲话，屋外山野间有人撕打，又有人呆立，低头愁思。所表现的正是《法华经·观音普门品》中所述众生多于淫欲、多瞋

恚、多愚痴者，常念恭敬观世音菩萨，便得离欲、离瞋、离痴。图版163中画一楼阁，楼前种植花卉，为一砖基之上的两层建筑，现因榜题脱落内容难以确定，但其为盛唐建筑图样则是毫无疑问的。

164 第23窟 窟顶南披 法华经变观音普门品（部分）

图中"若有持是观世音菩萨名者"，入大火火不能烧、为大水所漂即得浅处，入于大海遇黑风、罗刹鬼皆得解脱。左下画夯土筑成的监狱，表示若囚禁枷锁，释然解脱。所画监狱以夯土筑四方院墙，院内筑圆形夯土墙，内有囚徒。据《周礼》卷四："其有过失者，……归于圜土。"郑注："圜土，狱城也"。图中土墙围成的圆形建筑，当即为"圜土"，可见是一种很古老的刑罚制度。

165 第66窟 窟室内景

此窟覆斗形窟顶，藻井为云纹团花井心。四披画千佛。东壁残存千佛数身。南壁残存经变一铺。北壁画观无量寿经变一铺。西壁开一平顶敞口龛，龛内塑一善跏坐佛二弟子二菩萨二天王，浮塑背光两侧画八弟子四菩萨八伎乐，龛顶画宝盖。龛外画二菩萨。龛顶中心为一圆形团花，外围以花环环绕成椭圆形。花环图案由花瓣纹、方形纹、花萼纹、莲瓣纹等组成，周边流苏、彩铃。各种纹饰均顺一定方向旋转。整个龛顶在主尊上方形成华盖的效果，可谓独具匠心的装饰手法。

166 第66窟 北壁西侧 十六观（部分）

北壁观无量寿经变的西侧为十六观，图为保存较好的上部，计八个画面。自右而左自上而下，依次为：日想观、水想观、宝树观、地想观、八功德水想观、总想观等。

167 第66窟 西壁北侧 菩萨

菩萨满身佩饰，纱裙透明，除部分肤色变色外，衣饰彩绘鲜丽犹新；虽然人体比例失之过长，但装饰效果之好，已足资弥补。榜题"救苦观世音菩萨"。

168 第225窟 南壁龛顶 西方净土变

前室门南为第227窟、门北为第226窟，前室和甬道存五代画。主室覆斗藻井窟顶，团花井心，藻井外环绕飞天，四披画千佛。东壁门上中唐画千佛，门两侧画观世音、地藏及佛像等。西壁开一平顶敞口龛，龛内塑善跏坐佛及二弟子、一菩萨，其余塑像俱失，唯存项光三个。龛内浮塑背光两侧画八弟子，龛顶存残说法图一铺。龛外南北两侧各画一菩萨。南壁开一平顶敞口龛，龛内七身塑像全失，仅存背光和项光及壁画八弟子；龛顶画西方净土变一铺，龛外两侧中唐画菩萨各一身。北壁开一涅槃龛，塑释迦卧像及弟子、天人十九身。这一铺西方净土变，限于龛顶的空间，构图较简单，但阿弥陀经变的主要内容：西方三圣、七宝池、楼阁和天上的天花、神禽、乐器，表现得亦很充分，龛内主尊上方的华盖与图中的宝池结合在一起，处理成方形，显示了作者利用空间的绝妙技艺。

169 第225窟 南壁龛内东侧（部分）

此龛虽然塑像残毁，但留下完整的项光和背光仍给人以美的享受。项光中心都画成一朵大莲花，外围的牡丹莲

花卷草纹组成环形，同背光纹饰一致，是主要的装饰，艺术表现上强调石青、石绿的叠晕，浅色轮廓线使纹样显得清晰、醒目、层次分明，装饰效果鲜艳、浓重、富丽堂皇。

170 第225窟 东壁南侧 女供养人

此窟东壁南侧贤劫千佛下缘中唐供养人题记一侧，有盛唐女供养人像，主要以白描画出，线条纯熟流畅。

171 第445窟 南壁 阿弥陀经变

此窟甬道存五代壁画。主室覆斗形窟顶，藻井残，四披为西夏画千佛等。西壁开一敞口龛，龛内一佛二弟子二菩萨二天王。龛口外两侧台上塑菩萨各一身。龛内主尊两侧画婆罗门（已残）及六弟子。东壁门上画地藏菩萨一身，门南画千佛，门北壁画已被熏毁，门周沿五代画菩萨、飞天、供宝等，均残。南、北壁分别画阿弥陀经变和弥勒经变，经变以下为西夏画供养人（均已漫漶）。南壁阿弥陀经变，中央平台上以阿弥陀佛为中心，众多听法菩萨围绕佛座，中间有摩尼供宝及迦陵频伽，前有双人舞蹈，两边高台珠柱上有伎乐，台下有分身佛、弟子和菩萨。东西两侧平台上菩萨群像中各有一身大菩萨游戏坐于莲台上，分别为大势至和观世音。画面上下左右画楼阁水榭，"七重栏楯"、"七重行树"和七宝池、八功德水，空中天雨曼陀罗花供养，乐音悠扬。画面虽被熏黑，并有残损，但线描尚清晰可辨。画面人物形象优美生动，面部造型有眼大鼻尖的特点，属于盛唐时期的又一种风格。

172 第445窟 南壁阿弥陀经变中 舞蹈

图为阿弥陀经变中双人舞东侧舞者，戴宝冠、着长裙、裸上身、赤足、掣长巾，吸左腿，上身倾向左侧，动作轻盈、从容，按舞姿应属于唐代的软舞。

173 第445窟 南壁阿弥陀经变中 伎乐
174 第445窟 南壁阿弥陀经变中 伎乐

中央平台两边的高台，亦可称"珠柱"。据《祇洹寺图经》："次北大院名为佛经行所，南开大门，中有一大堂，前二珠柱，帝释所作，昼夜常照"，"有两部天乐，帝释所施，乐器纯以七宝作之，形小前乐，天诸童子六时常鼓……"，与此图甚为相合。图中台上栏楯前，排列伎乐，均为立部伎，东边一组（图版173）演奏横笛、箜篌、曲颈琵琶、排箫、笙、铙，西边一组（图版174）演奏羯鼓、答腊鼓、鼗鼓、鸡娄鼓、横笛、铙。上述珠柱及两部天乐的形象，在敦煌经变画中尚属仅见。

175 第445窟 北壁 弥勒下生经变

此图描绘弥勒菩萨由兜率天宫下生阎浮提成佛后的弥勒净土，弥勒佛居中，两侧胁侍为法华林菩萨与大妙相菩萨，又有化身佛分列左右，俱有众弟子、菩萨围绕下为穰佉王说法。图下部中间画穰佉王以七宝台献佛，两侧画穰佉王及后妃、太子、大臣、长者、彩女等纷纷剃度出家为沙门，以及弥勒净土中的翅头城中罗刹鬼夜扫秽恶、女年五百岁然后出适，阎浮提内自然树上生衣、人命将终自然行诣冢间而死、弥勒托生父母修梵摩、婆罗门拆毁楼阁等。画面左上画有迦叶禅窟，右上画弥勒净土的一种七收。画面上部中间画兜率天宫。这幅被烟熏黑的弥勒下生经变，

内容丰富，描绘精细，在唐代五十多幅相同题材经变中，堪称代表作。

176　第445窟　北壁弥勒下生经变中　剃度

这是穰佉王的王妃们剃度出家的场面，由比丘尼为王妃落发，有围屏遮挡，众女侍捧持盥洗器物，已经剃度的王妃跪拜礼佛，等候剃发的王妃聚集在围屏中。画面反映了当时削发为尼的真实情况。

177　第445窟　北壁弥勒下生经变中　嫁娶

这是"女年五百岁然后出适"的情况，在宅院外的一侧搭起帐幕，并以屏风围成婚礼的会场，宾客满座，场内一人独舞，乐队伴奏，新婚夫妇在乐声中礼拜；与此同时，侍者往来忙碌，屏风外还有人探头偷看，十分富有戏剧性，实为表现当时婚礼场面的一幅风俗画，生活气息相当浓厚。

178　第444窟　西壁龛内南侧　弟子

此窟前室有三间四柱木构窟檐，存宋代壁画，北壁为第443窟。主室东壁门上画见宝塔品，门南画法华经变序品等，门北画观音普门品。门上两侧为宋画菩萨。南、北两壁均画千佛，中央各有说法图一铺。西壁开一斜顶敞口龛，龛内塑像存盛唐塑二弟子、二菩萨、一天王。龛外存供养菩萨二身及自第443窟移来禅僧像一身。龛内背光两侧各画佛弟子三身。龛外两侧各画宝盖、项光、供养童子。龛下宋画供养人。图为龛内南侧项光之间的佛弟子像之一，造型准确，肌肤着色富有质感，神采奕奕，是人物写真的佳作。

179　第444窟　南壁中央　说法图

图中画阿弥陀佛于须弥座上结跏趺坐，左侧莲台上立观世音菩萨、右侧莲台上立大势至菩萨，象征悲、智二门。佛座前设供器。下有莲池，上有宝盖、花树，边饰环绕，富丽堂皇，是典型的盛唐作品。

第332窟实测图

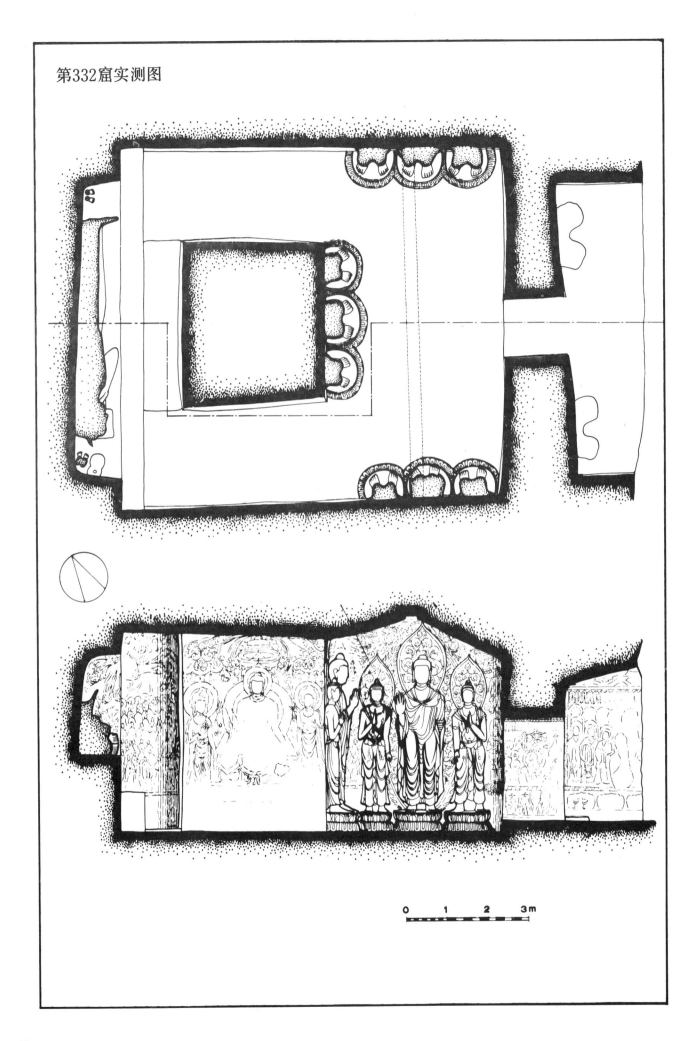

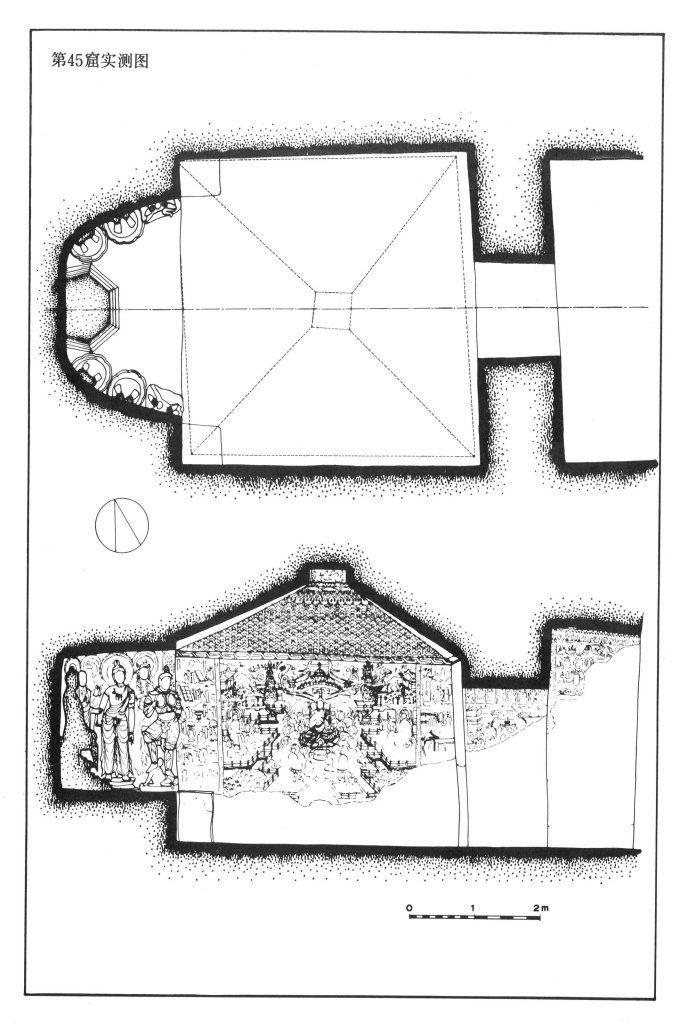

第45窟实测图

0　　　1　　　2m

敦煌莫高窟大事年表（三）

史苇湘编

公元618年	唐	武德元年	戊寅	隋义宁二年五月戊午，恭帝侑逊位，奉皇帝玺绶于唐王李渊。甲子，李渊即皇帝位于太极殿，改元武德。罢郡，置州，以太守为刺史。时天下未定，凡边要之州，皆置总管府，以统数州之兵。六月封李世民为秦王；薛举寇泾州，秦王为西讨元帅，将八总管兵拒之。八月，薛举卒，李轨降。十一月，李轨复反，秦王俘薛举子仁果。（《新唐书》卷一《高祖纪》、《资治通鉴》卷一百八十五。）
公元619年	唐	武德二年	己卯	五月，凉州将安脩仁与兄安兴贵执李轨以降，河西平。以秦王李世民为左武候大将军、使持节、凉甘瓜鄯肃会兰河廓九州诸军事、凉州总管，遣黄门侍郎杨恭仁安抚河西。六月，突厥始毕可汗殁。七月，西突厥（统）叶护可汗、高昌王麹伯雅各遣使入贡。析敦煌（今南湖地）置寿昌县。（《资治通鉴》卷一百八十七、《新唐书》卷四十《地理志》）
公元620年	唐	武德三年	庚辰	突厥莫贺咄设寇凉州，总管杨恭仁击之，为之所败，掠男女数千人而去。处罗可汗殁，立其弟莫贺咄设，号颉利可汗。是年置瓜州领敦煌县。十二月，瓜州刺史贺拔行威执骠骑将军达奚暠，举兵反。（《资治通鉴》卷一百八十八、《旧唐书》卷四十《地理志》）
公元621年	唐	武德四年	辛巳	六月，太史令傅奕上减省寺塔废僧尼事疏十一条，又集魏晋以来谤佛法者为《高识传》十卷。突厥颉利可汗入侵中原。（《广弘明集》卷十一《上废省佛僧表》、卷六《列代王臣滞惑解》、《资治通鉴》卷一百八十九）
公元622年	唐	武德五年	壬午	五月，瓜州土豪王幹斩贺拔行威以降，瓜州平。改瓜州为西沙州，领敦煌县。分常乐县置瓜州，仍立总管府，管西沙、肃等三州。六月，车骑将军元韶为瓜州道行军总管，以备突厥。吐谷浑寇洮、旭、叠三州。八月，吐谷浑陷洮州；突厥陷大震关，入河西；唐军各路截击，皆破之；安兴贵又击破突厥于甘州。沙门法琳著《破邪论》并上太子、秦王启驳傅奕。（《资治通鉴》卷一百九十、《新唐书》卷一《高祖纪》、《破邪论》卷上）
公元623年	唐	武德六年	癸未	四月，杨恭仁为吏部尚书兼中书令、检校凉州诸军事。六月，瓜州总管贺若怀廓按部至沙州，值州人张护、李通反，怀廓以数百人保子城；凉州总管杨恭仁往救，败绩。七月，张护、李通杀贺若怀廓，立沙州别驾窦伏明为主，进逼瓜州；长史赵孝伦击却之。九月，窦伏明以沙州降。高昌王麹伯雅卒，子文泰立。（《新唐书》卷一《高祖纪》、《资治通鉴》卷一百九十）
公元624年	唐	武德七年	甲申	二月，改大总管为大都督府。三月，初定官制。四月，颁新律令，初定均田租、庸、调法。傅奕再上废佛疏。（《资治通鉴》卷一百九十、《旧唐书》卷七十九《傅奕传》）
公元625年	唐	武德八年	乙酉	四月，凉州胡睦伽陀引突厥袭都督府，入子城；长史刘君杰击破之。八月，左武候大将军安脩仁击睦伽陀于且渠川，破之。（《资治通鉴》卷一百九十一）
公元626年	唐	武德九年	丙戌	三月，突厥侵凉州，都督、长乐郡王幼良击走之。沙门法琳著《辩正论》。五月，下诏命有司沙汰天下僧、尼、道士、女冠，其精勤练行者，迁居大寺观，给衣食；庸猥粗秽者悉令罢道，各还桑梓。京城留寺三所、观三所，诸州各留一所，余皆罢之。六月，秦王李世民杀太子建成、齐王元吉于玄武门。诏立秦王为皇太子，听政。僧、尼、道士、女冠并宜依旧，沙汰之事竟不行。八月，太宗李世民即皇帝位。（《新唐书》卷一《高祖纪》、《旧唐书》卷一《高

				祖纪)、《唐护法沙门法琳别传》卷上、《资治通鉴》卷一百九十一)
公元627年	唐	贞观元年	丁亥	二月，命并省，因山川形便，分为十道。凉、甘、瓜、沙等十六州属陇右道。四月，凉州都督、长乐王幼良有罪伏诛。遣中书令宇文士及驰驿代之，并按其事。八月，宇文士及检校凉州都督。（《资治通鉴》卷一百九十二、《新唐书》卷二《太宗纪》）
公元629年	唐	贞观三年	己丑①	九月，玄奘西行求法至凉州，停月余，为道俗开讲《涅槃摄论》及《般若经》。凉州都督李大亮禁阻西行，奘乃昼伏夜行，遂至瓜州。刺史独孤达供事殷厚，经月余。州吏李昌等协助出玉门关，经敦煌西去。冬十一月，突厥侵河西。（《大慈恩寺三藏法师传》卷一、《资治通鉴》卷一百九十三）
公元630年	唐	贞观四年	庚寅	大破突厥，执颉利可汗，自是西北诸番咸请上尊号为"天可汗"。七月，诏以凉州都督李大亮为西北道安抚大使。九月，伊吾城主入朝举所属七城来降，因以其地置西伊州。十二月，高昌王麴文泰入朝。（《旧唐书》卷三《太宗纪》、《资治通鉴》一百九十三）
公元632年	唐	贞观六年	壬辰	七月，焉耆王突骑支遣使入贡，请复开碛路以便往来；由是高昌恨之，遣兵袭焉耆。十一月，契苾酋长何力帅部落六千余家诣沙州降。诏处之于甘、凉之间。改西伊州为伊州。（《资治通鉴》卷一百九十四、《旧唐书》卷四十《地理志》）
公元633年	唐	贞观七年	癸巳	改西沙州为沙州。（《旧唐书》卷四十《地理志》）
公元634年	唐	贞观八年	甲午	吐谷浑屡寇河西。十二月，以李靖为西海道行军大总管，统积石、鄯善、且末、赤水、盐泽五道总管并突厥、契苾部众击吐谷浑。吐蕃赞普弃宗弄赞遣使入贡请婚。释慧震于梓州西山命石工镌鑿大佛毕，高百三十尺。（《资治通鉴》卷一百九十四、《续高僧传》卷二十九）
公元635年	唐	贞观九年	乙未	五月，吐谷浑平；唐诏复其国，立慕容顺为西平郡王，黜故吕乌甘豆可汗。（《资治通鉴》卷一百九十四）
公元637年	唐	贞观十一年	丁酉	敕道先佛后。（《集古今佛道论衡》卷三）
公元638年	唐	贞观十二年	戊戌	吐蕃击吐谷浑，破党项、白兰诸羌，寻攻松州；侯君集统兵与之战，败之。吐蕃遣使谢罪，复请婚。高昌与西突厥共攻拔焉耆王城。（《资治通鉴》卷一百九十五）
公元639年	唐	贞观十三年	己亥	高昌王麴文泰遏绝西域朝贡。十二月，以陈国公侯君集为交河道行军大总管，帅师伐高昌。道士秦世英奏沙门法琳之论有谤皇宗，因将法琳下狱按问，放之益州，次年于道中卒。（《资治通鉴》卷一百九十五、《旧唐书》卷三《太宗纪》、《唐护法沙门法琳别传》卷中、下）
公元640年	唐	贞观十四年	庚子	八月，高昌平，唐以其地为西州，以可汗佛图为庭州，各置属县。九月，置安西都护府于交河城。十月，吐蕃赞普遣其相禄东赞来请婚，上许以文成公主妻之。（《资治通鉴》卷一百九十五）
公元641年	唐	贞观十五年	辛丑	春正月，送文成公主归于吐蕃。薛延陀侵边；冬，凉州都督李袭誉为凉州道行军总管，随李世勣，共李大亮、张士贵击破之。（《旧唐书》卷三《太宗纪》）
公元642年	唐	贞观十六年	壬寅	春，徙死罪者实西州。高昌旧民与镇兵及谪徙者杂居西州。九月，以凉州都督郭孝恪行安西都护、西州刺史。莫高窟今第220窟建成②。（《资治通鉴》卷一百九十六）
公元643年	唐	贞观十七年	癸卯	遣朝散大夫卫尉寺丞李义表、副使前融州黄水县令王玄策使西域。自此王玄策等至天竺凡三度，携回佛像图本。阎立本奉诏画凌烟阁功臣图。（《佛祖统纪》卷三十九、《法苑珠林》卷五十五、《旧唐书》卷三《太宗纪》、《历代名画记》卷九）

公元 644 年	唐	贞观十八年	甲辰	玄奘携经论、舍利佛像等归国，唐太宗令敦煌官司于流沙迎接。(《大慈恩寺三藏法师传》卷五)
公元 648 年	唐	贞观二十二年	戊申	王玄策使天竺，诸国进贡。中天竺王阿罗那顺擒玄策，尽掠贡物。玄策脱身遁，帅吐蕃、尼婆罗二国兵击破之，俘阿罗那顺以归。沙州刺史苏海政率兵随阿史那社尔伐龟兹。十二月，龟兹平，西域震骇。(《资治通鉴》卷一百九十九)
公元 649 年	唐	贞观二十三年	己酉	五月，太宗殁。六月，高宗李治嗣位。以吐蕃赞普弄赞为驸马都尉，封西海郡王。(《资治通鉴》卷一百九十九)
公元 650 年	唐	永徽元年	庚戌	废沙州寿昌县。(《新唐书》卷四十《地理志》)
公元 651 年	唐	永徽二年	辛亥	五月，沙州升都督府。(《唐会要》卷七十)
公元 657 年	唐	显庆二年	丁巳	瑶池都督、西突厥阿史那贺鲁永徽二年(公元 651 年)叛唐，自号沙钵罗可汗。是年冬，讨平之。分西突厥地置濛池、崑陵二都督府。(《资治通鉴》卷一百九十九、卷二百)
公元 658 年	唐	显庆三年	戊午	五月，徙安西都护府于龟兹；以旧安西复为西州都督府，镇高昌故地。(《资治通鉴》卷二百)
公元 660 年	唐	显庆五年	庚申	高宗与武后巡幸并州，至童子寺、开化寺瞻礼大佛像。(《法苑珠林》卷十四)
公元 663 年	唐	龙朔三年	癸亥	吐谷浑为吐蕃所破，可汗曷钵与弘化公主奔凉州。凉州都督郑仁泰为青海道行军大总管，以备吐蕃。(《资治通鉴》卷二百一)
公元 665 年	唐	麟德二年	乙丑	裴行俭为安西大都护。王玄策在东都洛阳造像，以取到西域所图菩萨像为样。(《旧唐书》卷八十四《裴行俭传》、《历代名画记》卷三《记两京外州寺观画壁》)
公元 666 年	唐	乾封元年	丙寅	沙州灵图寺建。(敦煌石窟遗书 P.2005《沙州都督府图经》)
公元 667 年	唐	乾封二年	丁卯	复置寿昌县。道宣律师卒。诏令天下寺图形塑像，以为模范。(敦煌石窟遗书《寿昌县地境》③、《宋高僧传》卷十四)
公元 669 年	唐	总章二年	己巳	去年九月，李勣等统兵拔平壤，讨平高丽。是年五月，移高丽户二万八千二百，入内地莱、营二州，般次发遣，量配于江、淮以南及山南、并州、凉州以西诸州空闲处安置。秋八月，诏以十月幸凉州，纳谏言乃罢西巡。(《资治通鉴》卷二百一、《旧唐书》卷五《高宗纪》)
公元 670 年	唐	咸亨元年	庚午	四月，吐蕃攻陷西域八州。罢安西四镇。七月，薛仁贵、郭侍封等与吐蕃战，败绩。九月，以姜恪为凉州道行军大总管，以御吐蕃。(《资治通鉴》卷二百一、《旧唐书》卷五《高宗纪》)
公元 671 年	唐	咸亨二年	辛未	义净从广州泛海往天竺求法。(《宋高僧传》卷一)
公元 672 年	唐	咸亨三年	壬申	敕于洛阳龙门山镌凿卢舍那佛大像龛，武后助脂粉钱二万贯。(佛座左侧《河洛上都龙门山之阳大卢舍那像龛记碑》)
公元 673 年	唐	咸亨四年	癸酉	沙州刺史李祖隆奉敕置鱼泉驿，去沙州东一百八十五里。(敦煌石窟遗书 P.2005《沙州都督府图经》)
公元 674 年	唐	上元元年	甲戌	十二月，于阗王伏阇雄、波斯王卑路斯来朝。(《旧唐书》卷五《高宗纪》)
公元 675 年	唐	上元二年	乙亥	莫高窟今第 386 窟兴建，绘制壁画④。
公元 676 年	唐	仪凤元年	丙子	吐蕃侵鄯、廓、河、芳等州。以相王轮为凉州道行军元帅讨吐蕃，不行。(《旧唐书》卷五《高宗纪》)
公元 679 年	唐	调露元年	己卯	西突厥十姓可汗阿史那都支等联合吐蕃侵逼安西。命裴行俭检校安西都护，肃州刺史王方翼副之，佯送波斯王子泥洹师回国，破阿史那都支，筑碎叶城。(《资治通鉴》卷二百二)
公元 680 年	唐	调露二年	庚辰	三月，裴行俭大破突厥于黑山。七月，吐蕃侵河源，黑齿常之击走之。

				《旧唐书》卷五《高宗纪》）
公元 681 年	唐	永隆二年	辛巳	闰七月，裴行俭大破突厥，擒阿史那伏念、阿史德温博。授薛仁贵为瓜州长史，击突厥。时西边不静，瓜沙路绝。（《旧唐书》卷五《高宗纪》、卷八十三《薛仁贵传》）
公元 683 年	唐	弘道元年	癸未	腊月，沙州崇教寺僧徒为高宗李治行道。十二月丁巳，李治殁，中宗李显即位，政事咸决于武则天。（敦煌石窟遗书 P.2005《沙州都督府图经》、《资治通鉴》卷二百三）
公元 686 年	唐	垂拱二年	丙戌	於今莫高窟第 335 窟画壁⑤。
公元 687 年	唐	垂拱三年	丁亥	右军卫十将使孔周在敦煌郡南三里孟授渠建浮图一所，又於莫高窟龛图画功德二铺、於州西灵图寺施写《涅槃经》一部。（《沙州文录·右军卫十将使孔公浮图功德铭》）
公元 688 年	唐	垂拱四年	戊子	拆乾元殿，於其地造明堂，命僧怀义充督使。明堂高二百九十四尺、方三百尺。明堂北起天堂，作夹纻大像，其小指中犹容数十人。数年之间，采木江岭，日役万人，所费以万亿之计。（《旧唐书》卷一百八十三《薛怀义传》、《资治通鉴》卷二百四、二百五）
公元 690 年	唐	永昌二年	庚寅	七月，东魏国寺僧法明等撰《大云经》四卷，言太后乃弥勒佛下生，当代唐为阎浮提主，制颁于天下。九月，以唐为周，改元天授。（《资治通鉴》卷二百四）
公元 691 年	武周	天授二年	辛卯	夏四月，令释教在道法之上，僧尼处道士女冠之前。此际李无亏为沙州刺史。（《旧唐书》卷六《则天皇后纪》、敦煌石窟遗书 P.2005《沙州都督府图经》）
公元 692 年	武周	如意元年	壬辰	修造敦煌西千佛洞今第 7 窟⑥。九月，改元长寿。十月，武威军总管王孝杰破吐蕃，复安西四镇。（《资治通鉴》卷二百五）
公元 693 年	武周	长寿二年	癸巳	南天竺沙门菩提流志等上所译《宝雨经》。（《大方广佛华严经序》、《宋高僧传》卷三）
公元 695 年	武周	延载二年	乙未	禅师灵隐共居士阴□等在莫高窟造北大像，高一百四十尺⑦。
公元 697 年	武周	万岁通天二年	丁酉	吐蕃侵凉州，执凉州都督许钦明。莫高窟今第 123 窟建成⑧。（《旧唐书》卷六《则天皇后纪》）
公元 698 年	武周	圣历元年	戊戌	以娄师德充陇右诸军大使兼检校营田事。李克让于莫高窟修造佛龛并立碑。（《资治通鉴》卷二百六、《大周李君修佛龛碑》⑨）
公元 699 年	武周	圣历二年	己亥	吐蕃论赞婆归唐，封为归德王，论钦陵子弓仁为酒泉郡公。此顷张思艺造莫高窟今第 335 窟北壁维摩诘经变⑩。（《资治通鉴》卷二百六）
公元 701 年	武周	长安元年	辛丑	以郭元振为凉州都督、陇右诸军大使。于凉州南境硖口置和戎城，于西北五百里置白亭军，以御突厥、吐蕃，又于甘州开置屯田，乃得五年安定。（《资治通鉴》卷二百七）
公元 702 年	武周	长安二年	壬寅	莫高窟第 335 窟西壁北侧画菩萨⑪。
公元 705 年	唐	神龙元年	乙巳	中宗李显即位，复国号唐。豆庐军置在沙州城内，管兵四千五百人，马四百匹，去理所一千七百余里。（《旧唐书》卷七《中宗纪》、《元和郡县志》卷四十）
公元 707 年	唐	景龙元年	丁未	四月，以雍王守礼女金城公主妻吐蕃赞普。（《资治通鉴》卷二百八）
公元 710 年	唐	景云元年	庚戌	置河西节度、支度、营田等使，领凉、甘、肃、伊、瓜、沙、西七州，治凉州。（《资治通鉴》卷二百一十）
公元 711 年	唐	景云二年	辛亥	分陇右道为河西道。（《资治通鉴》卷二百一十）
公元 714 年	唐	开元二年	甲寅	命有司沙汰天下僧尼，以伪妄还俗者万二千余人。禁百官家毋得与僧尼道士往还。禁人间铸佛、写经。九月，正议大夫杜楚臣为沙州刺史兼豆庐军

公元 715 年	唐	开元三年	乙卯	使。(《资治通鉴》卷二百一十一、敦煌石窟遗书 P.2005《沙州都督府图经》) 以薛讷为凉州镇军大总管,赤水等军并受节度,居凉州。张嵩为沙州刺史。(《资治通鉴》卷二百一十一、敦煌石窟遗书 P.2005《沙州都督府图经》)
公元 716 年	唐	开元四年	丙辰	中天竺沙门善无畏携梵夹来长安,次年奉敕译《大毗卢遮那经》。六月,敦煌县令赵智本到任;九月,令敦煌世族张仁会等修葺墨池,立张芝庙及像。(《宋高僧传》卷二、敦煌石窟遗书 P.2005《沙州都督府图经》)
公元 717 年	唐	开元五年	丁巳	七月,瓜州晋昌人、陇右节度使郭知运大破吐蕃于九曲。(《资治通鉴》卷二百一十一)
公元 718 年	唐	开元六年	戊午	十一月,吐蕃请和,立舅甥誓文。(《资治通鉴》卷二百一十二)
公元 719 年	唐	开元七年	己未	南天竺沙门金刚智泛舶来华,次年奉敕入长安,后入洛阳,所住之刹必建大曼荼罗灌顶道场,译《金刚顶经》。沙门慧日自南海泛舶至天竺,往返十八年,历七十余国,是年归国,抵长安献佛像及梵笑。(《宋高僧传》卷一、卷二十九)
公元 720 年	唐	开元八年	庚申	突厥寇甘、凉等州,败河西节度使杨敬述,掠契芘部落而去。(《资治通鉴》卷二百一十二)
公元 721 年	唐	开元九年	辛酉	瓜州常乐人王君㚟代河西、陇右节度使,判凉州都督。沙州僧处谚与乡人马思忠等造南大像,高一百二十尺[12]。(《资治通鉴》卷二百一十二、敦煌石窟遗书 P.3721《瓜沙两郡大事记》、P.3720《莫高窟记》)
公元 723 年	唐	开元十一年	癸亥	九月,吐谷浑帅众诣沙州求内附。河西节度使张敬忠抚纳之。(《资治通鉴》卷二百一十二)
公元 726 年	唐	开元十四年	丙寅	莫高窟今第 41 窟建成[13]。冬,吐蕃大将悉诺逻侵大斗谷,进攻甘州,焚掠而去。王君㚟袭其后,败之于青海之西。(《资治通鉴》卷二百一十三)
公元 727 年	唐	开元十五年	丁卯	九月,吐蕃悉诺逻恭禄及烛龙莽布支攻陷瓜州,执刺史田元献及王君㚟之父寿,进攻玉门军。莽布支别攻常乐县,县令贾师顺帅众拒守;吐蕃悉兵会攻之,不能克,乃毁瓜州城引去。回纥部护输杀王君㚟于甘州南,奔吐蕃。河、陇震骇。以朔方节度使萧嵩为河西节度等副大使,判凉州事,人心浸安。嵩奏以建康军使张守珪为瓜州刺史。吐蕃猝至,守珪纵兵击退之,乃修复城市,收合流散,皆复旧业。朝廷嘉其功,以瓜州为都督府,以守珪为都督。(《资治通鉴》卷二百一十三)
公元 728 年	唐	开元十六年	戊辰	七月,吐蕃大将悉末朗侵瓜州,都督张守珪击走之。(《资治通鉴》卷二百一十三)
公元 729 年	唐	开元十七年	己巳	三月,瓜州都督张守珪、沙州刺史贾师顺领伊沙等州兵入吐蕃大同军,大破之。(《册府元龟》卷九百八十六)
公元 730 年	唐	开元十八年	庚午	沙门海通于嘉州大江之滨,凿石为弥勒佛像,高三百六十尺。(《佛祖统纪》卷四十)
公元 731 年	唐	开元十九年	辛未	吐蕃请和,遣使为公主求《毛诗》、《春秋》、《礼记》、《正字》。九月,吐蕃遣其相论尚它碑请于赤岭互市。许之。(《旧唐书》卷五《玄宗纪》、《资治通鉴》卷二百一十三)
公元 733 年	唐	开元二十一年	癸酉	二月,金城公主请立碑于赤岭,以分唐与吐蕃之境。许之。(《资治通鉴》卷二百一十三)
公元 738 年	唐	开元二十六年	戊寅	三月,吐蕃侵河西,节度使崔希逸击破之。五月,以河西、陇右、剑南节度使分道经略吐蕃,仍毁所立赤岭碑。(《资治通鉴》卷二百一十四)
公元 740 年	唐	开元二十八年	庚辰	以盖嘉运为河西、陇右节度使,使之经略吐蕃。十一月,金城公主殁,吐蕃遣使告丧。(《资治通鉴》卷二百一十四、《旧唐书》卷九《玄宗纪》)
公元 741 年	唐	开元二十九年	辛巳	十二月,吐蕃陷廓州达化县及振武军石堡城,节度使盖嘉运不能御。

公元 742 年	唐	天宝元年	壬午	（《旧唐书》卷九《玄宗纪》） 是时，置十节度使，经略使以备边。河西节度为断隔吐蕃、突厥，统赤水、大斗、建康、宁寇、玉门、墨离、豆卢、新泉八军，张掖、交城、白亭三守捉，屯凉、肃、瓜、沙、会五州之境，治凉州，兵七万三千人。改州为郡，置太守，因改沙州为敦煌郡、瓜州为晋昌郡。（《资治通鉴》卷二百一十五、《旧唐书》卷四十四《职官志》、卷四十《地理志》）
公元 743 年	唐	天宝二年	癸未	日本奈良造金铜卢舍那佛大像。（望月信亨《佛教大事表》）
公元 745 年	唐	天宝四载	乙酉	陇右节度使皇甫惟明与吐蕃战于石堡城，败绩。（《旧唐书》卷九《玄宗纪》）
公元 746 年	唐	天宝五载	丙戌	以王忠嗣为河西、陇右节度使兼知朔方、河东节度事，与吐蕃战于青海、积石，又讨吐谷浑于墨离军，皆捷。（《资治通鉴》卷二百一十五）
公元 748 年	唐	天宝七载	戊子	莫高窟今第 180 窟画壁[14]。
公元 749 年	唐	天宝八载	己丑	陇右节度使哥舒翰克吐蕃占领之石堡城，唐士卒死者数万。莫高窟今第185 窟建成[15]。（《资治通鉴》卷二百一十六）
公元 750 年	唐	天宝九载	庚寅	此年敦煌十三乡（洪池、王关、效谷、洪润、悬泉、龙勒、神沙、慈惠、从化、敦煌、莫高、平康、寿昌）农民应纳种子粟一万二千二百八十五硕九斗三升。（敦煌石窟遗书 P.2803[16]）
公元 752 年	唐	天宝十一载	壬辰	此顷，朝议大夫使持节都督晋昌郡诸军事守晋昌郡太守兼墨离军使乐庭瑰与夫人王氏于莫高窟南大像窟甬道画全家像供养。（莫高窟第 130 窟甬道两侧供养人题记）
公元 753 年	唐	天宝十二载	癸巳	陇右节度使哥舒翰击吐蕃，拔洪济、大漠门等城，悉收九曲部落。八月，以哥舒翰兼河西节度使。是时中国强盛，自安远门西尽唐境万二千里，间阎相望，桑麻翳野，天下称富庶者无如陇右。（《资治通鉴》卷二百一十六）
公元 754 年	唐	天宝十三载	甲午	僧不空受河西节度使哥舒翰所请，至武威开元寺灌顶，士庶数千人咸登道场。僧鉴真东渡日本成功，到达奈良。（《宋高僧传》卷一、日本·元开《唐大和上东征传》）
公元 755 年	唐	天宝十四载	乙未	十一月，安禄山叛乱。（《新唐书》卷五《玄宗纪》）
公元 756 年	唐	天宝十五载	丙申	六月，玄宗李隆基逃亡入蜀，安禄山陷京师。七月，太子李亨为天下兵马元帅；八月，即位于灵武，为肃宗，改元至德。河西诸胡部落乱，以兵马使周泌为河西节度使镇之。命河西节度副使李嗣业将兵五千赴行在。又征安西兵七千人。回纥、吐蕃相继遣使请助唐讨贼。于阗王尉迟胜闻安禄山反，命其弟曜摄国事，自将兵五千入援。十一月，河西地震有声，圮裂庐舍，张掖、酒泉尤甚，至明年三月方止。（《新唐书》卷五《玄宗纪》、《资治通鉴》卷二百一十八、卷二百一十九、《旧唐书》卷十《肃宗纪》）
公元 757 年	唐	至德二载	丁酉	安西、北庭及拔汗那、大食诸国援兵至凉、鄯。河西兵马使盖庭伦与武威九姓商胡安门物等杀节度使周泌，聚众六万，支度判官崔称等平之。（《资治通鉴》卷二百一十九）
公元 758 年	唐	乾元元年	戊戌	改郡为州，复敦煌郡为沙州、晋昌郡为瓜州。改太守为刺史。（《旧唐书》卷四十《地理志》、卷四十四《职官志》）
公元 760 年	唐	上元元年	庚子	吐蕃陷廓州。（《资治通鉴》卷二百二十一）
公元 762 年	唐	宝应元年	壬寅	吐蕃陷伊州。（敦煌石窟遗书 S.367《沙州地志》残卷）
公元 763 年	唐	广德元年	癸卯	吐蕃入大震关，陷兰、廓、河、鄯、洮、岷、秦、成、渭等州，尽取陇右之地；十月，攻陷长安，据十五日，被郭子仪等击走。九月初，沙门昙旷于沙州龙兴寺写《大乘起信论略述》。（《旧唐书》卷十一《代宗纪》、卷二百一十六《吐蕃传》、《资治通鉴》卷二百二十三、敦煌石窟遗书 S.2436）

公元764年	唐	广德二年	甲辰	十月，回纥、吐蕃进逼奉天，京师戒严。河西节度使杨志烈命监军柏文达将兵攻灵州，以分敌势。未几，吐蕃围凉州，志烈奔甘州，为沙陀所杀，凉州遂陷。（《资治通鉴》卷二百二十三）
公元765年	唐	永泰元年	乙巳	遣使巡抚河西及置凉、甘、肃、瓜、沙等州长史。（《资治通鉴》卷二百二十四）
公元766年	唐	大历元年	丙午	河西节度使杨休明徙镇沙州。吐蕃陷甘州、肃州。（《资治通鉴》卷二百二十四、《元和郡县志》卷四十）
公元767·年	唐	大历二年	丁未	鱼朝恩于长安造章敬寺。元载、王缙、杜鸿渐为相，三人皆好佛。代宗李豫遂亦信佛，于五台山造金阁寺，常于禁中饭僧百余人，又令僧讲《护国仁王经》以禳寇。次年于章敬寺行香，度僧一千人。（《资治通鉴》卷二百二十四、《册府元龟》卷五十二）
公元768年	唐	大历三年	戊申	吐蕃十万众侵灵武、邠州，京师戒严，节度使马璘等击破之。（《资治通鉴》卷二百二十四）
公元776年	唐	大历十一年	丙辰	莫高窟今第148窟建成，立《大唐陇西李府君修功德碑》记云："千金贸工，百堵兴役，奋锤聋堑，揭石聉山，素涅槃像一铺、如意轮菩萨不空羂索菩萨各一铺，画报恩天请问普贤菩萨文殊师利菩萨东方药师西方净土千手千眼观世音菩萨弥勒上生下生如意轮不空羂索等变各一铺、贤劫千佛一千躯"[17]。
公元780年	唐	建中元年	庚申	法师智广，正月三十日在沙州灵图寺传戒。（敦煌石窟遗书S.2851《菩萨十无□戒》题记）
公元781年	唐	建中二年	辛酉	初，沙州刺史周鼎为唐固守，吐蕃赞普徙帐南山，使尚绮心儿攻之。鼎请救于回鹘，逾年不至，议焚城郭引众东奔。兵马使阎朝杀周鼎，自领州事。城守者八年，出绫募麦抗蕃。又二岁，粮械皆竭，以"毋徙他境"为条件而降。自始至是年城陷止，抗蕃凡十一年。崔汉衡是年使吐蕃。初，吐蕃遣使求沙门善讲佛理者，至是遣僧良琇、文素二人行，每人岁一更之。（《新唐书》卷二百一十六《吐蕃传》、《元和郡县志》卷四十、《资治通鉴》卷二百二十六、《唐会要》卷九十七、《佛祖统纪》卷四十一）

注

① 一说应作："贞观元年（公元627年），丁亥"；据《广弘明集》卷二十二引《请御制经序（三藏圣教序）》表："奘以贞观元年往游西域"，另据刘汝霖《唐玄奘法师年谱》（《女师大学术季刊》第一卷）考证。

② 第220窟东壁门上发原文末题："贞观十有六年敬造"，另北壁东方药师经变中灯架榜题："贞观十六年岁次壬寅奉为天云寺律师道弘……"。

③ 见向达《记敦煌石室出晋天福十年写本寿昌县地境》，《北平图书馆图书季刊》新第五卷第四期，1944年。再刊于向达《唐代长安与西域文明》，生活·读书·新知三联书店1957年版。

④ 第386窟南壁中央底层壁画题记："上元二年七月十一日绘记"。

⑤ 第335窟东壁门上发愿文题："垂拱二年五月十七日"优婆夷高奉敬造阿弥陀佛一铺。

⑥ 西千佛洞第7窟南壁东侧有"如意元年五月"朱书题记。

⑦ 即今第96窟。据第156窟前室北壁墨书《莫高窟记》，敦煌石窟遗书P.3720《莫高窟记》与此同。

⑧ 第123窟西壁龛下发愿文今已漫漶，据向达1942年所见，"文末万岁三年诸字尚可识"。见向达《西征小记》，《国学季刊》第七卷第一期，1950年。再刊于向达《唐代长安与西域文明》。

⑨ 此碑乾隆年间在敦煌发掘出土，已残断，碑末纪年题为："大周圣历元年岁次戊戌伍月庚申朔拾肆日癸酉敬造"。

⑩ 第335窟北壁维摩诘经变下部张思艺发愿文今已漫漶，据向达1942年所见，"张思艺姓名上尚隐约可见圣历二字。"见向达《西征小记》。

⑪ 第335窟西壁龛外北侧墨书题记为："长安二年六月廿五日……"。

⑫ 即今第130窟弥勒倚坐像。

⑬ 第 41 窟北壁底层壁画有墨书题记："开元十四年五月十一日讫记"。

⑭ 第 180 窟西壁龛外南侧张承庆造二菩萨，发愿文尾题："天宝七载五月十三日毕功"。

⑮ 第 185 窟西壁龛北侧边饰旁有"天宝八载四月廿五日书人宋承嗣作已之也"题记。

⑯ 此卷系天宝九载八月廿八日至九月十八日敦煌郡仓收入粟床豌豆等簿，背为佛经。

⑰ 碑末纪年题为："大历十一年龙集景辰□□□有十五日辛未建"。